全国高职高专物业管理专业系列规划教材

物业管理招投标

主　编　史　伟　凌明雁
副主编　李运成　庞月魏　钱卫钧
参　编　高　玮　韩玉峰　张　斌

内容简介

本书是高职高专物业管理专业系列规划教材之一,共分为九章,主要内容包括:物业管理与招标投标制度,物业管理招标投标概述,物业管理招标的范围方式和内容,物业管理投标的策划与组织,物业管理投标书的编写,开标、评标与定标,物业服务合同的签订与管理,物业管理招标投标争议及其解决方式,及物业管理招标投标案例分析。本书在编写过程中吸收和总结了物业管理招标投标的实际操作经验和方法,具有较强的针对性、实用性和可操作性。

本书可作为高等职业教育、成人高等教育、中等职业教育中物业管理、物业设施管理、房地产开发与经营、工程管理、酒店管理专业使用的教材,也可作为物业管理招投标人员、工程技术人员和管理人员业务学习的参考与培训用书。

图书在版编目(CIP)数据

物业管理招投标/史伟,凌明雁主编. —北京:北京大学出版社,2010.3
(全国高职高专物业管理专业系列规划教材)
ISBN 978-7-301-15813-5

Ⅰ. 物… Ⅱ. ①史… ②凌… Ⅲ. ①物业管理—招标—高等学校:技术学校—教材;②物业管理—投标—高等学校:技术学校—教材 Ⅳ.F293.33

中国版本图书馆 CIP 数据核字(2009)第 167635 号

书　　名:	物业管理招投标
著作责任者:	史　伟　凌明雁　主编
责任编辑:	葛昊晗
标准书号:	ISBN 978-7-301-15813-5/F · 2291
出 版 者:	北京大学出版社
地　　址:	北京市海淀区成府路 205 号　100871
网　　址:	http://www.pup.cn
电　　话:	邮购部 62752015　发行部 62750672　编辑部 62765126　出版部 62754962
电子信箱:	zyjy@pup.cn
印 刷 者:	三河市博文印刷有限公司
发 行 者:	北京大学出版社
经 销 者:	新华书店
	787 毫米×980 毫米　16 开本　10.25 印张　221 千字
	2010 年 3 月第 1 版　2017 年 5 月第 3 次印刷
定　　价:	18.00 元

未经许可,不得以任何方式复制或抄袭本书之部分或全部内容。
版权所有,侵权必究
举报电话:010-62752024;电子信箱:fd@pup.pku.edu.cn

前　　言

招标与投标作为一种特殊的交易方式，在国际经济往来中被广泛采用。在中国，招标与投标从改革开放以后才真正兴起，在物业管理领域推行招投标制度更是近几年的事情。

伴随中国物业管理行业的不断发展和物业管理市场的逐渐完善，物业管理招标投标制度必将成为影响物业管理行业规范与健康发展的重要因素。无论是物业服务企业、开发建设单位、业主还是政府行政管理部门，都将面对物业管理招标投标的运行规则。这一规则的建立和运行标志着物业管理的发展进入了一个更加符合市场发展规律的新阶段。推行物业管理招标投标制度，培育和规范了物业管理市场，加快了物业管理市场化的进程，打破了"谁开发谁管理"的垄断局面，在物业服务企业、开发建设单位、业主及政府行政管理部门各个层面上强化了物业管理的市场化意识，为物业服务企业创造了公平竞争的机会，推动了我国物业管理行业的健康发展。因此，物业服务企业、开发建设单位、业主、政府行政管理部门等相关企事业单位和个人，熟悉和掌握物业管理招标投标基础知识和操作方法，对适应竞争环境，提高自身竞争力都有重大意义。

本书是全国高职高专物业管理专业系列规划教材之一，在编写过程中我们力求体现高等职业教育的特色，基础理论以"必需、够用"为度，注重物业管理招标投标的基础理论和实际应用。本书系统地介绍了物业管理招标投标的基础知识、基本要求，重点介绍了物业管理招标投标的程序、招标文件的编写与标底编制、投标文件编写制作与投标报价、投标策略技巧等相关理论与实务。

本书由史伟、凌明雁任主编，李运成、庞月魏、钱卫钧任副主编。其中，第一章由高玮编写，第二、三章由史伟编写，第四章由韩玉峰编写，第五章由李运成编写，第六章由庞月魏编写，第七章由张斌编写，第八章由钱卫钧编写，第九章由凌明雁编写。全书由史伟统稿。

山东明德物业管理有限公司刘德明总经理等同志参加了本书提纲的编写及审定，在此表示感谢。

限于编者水平有限，本书不当和错误之处在所难免，敬请各位读者、同行和专家批评和指正。

编　者
2009 年 12 月

目 录

第一章 物业管理与招标投标制度 1

第一节 物业管理基本概念 2
一、物业 2
二、物业管理 2
三、业主和业主委员会 3
四、物业服务企业 3
五、前期物业管理与物业管理的早期介入 4
六、物业管理法规 4

第二节 招标投标基础知识 4
一、招标投标 4
二、招标 6
三、投标 7
四、开标 8
五、评标 8
六、招标标的 8

第三节 招标投标制度的起源与发展 9
一、海外招投标的起源与发展 9
二、中国招投标的发展历程 11

第四节 招标投标制度与中国物业管理的发展 15
一、招投标制度与物业管理的市场化 15
二、招投标制度与物业管理行业整体水平的提高 16
三、招投标制度与物业服务企业的公平竞争 17
四、物业管理招投标与房地产管理体制的改革 17
五、物业管理招投标与合同双方利益的维护 18

复习思考题 18

第二章 物业管理招标投标概述 19

第一节 物业管理招标投标的含义与特点 20
一、物业管理招标投标的含义 20
二、物业管理招标投标的必要性 21
三、物业管理招标投标的特点 22

第二节 物业管理招标投标的基本要求与基本原则 24
一、物业管理招标投标的基本要求 24
二、物业管理招标投标的基本原则 24

第三节 物业管理招投标的发展趋势 27
一、法制化 27
二、市场化 28
三、科学化 28
四、公开化 28
五、专业化 28

复习思考题 28

第三章 物业管理招标的范围方式和内容 29

第一节 物业管理招标的范围 30
一、《招标投标法》对招标范围的规定 30
二、物业管理招标范围 32

第二节 物业管理招标的内容 33
一、非经营性物业管理招标的内容 33
二、经营性物业管理招标的内容 35

第三节 物业管理招标的方式 36
一、按物业管理服务的范围分类 36

二、按物业管理招标项目分类 36
　　三、按物业管理招标的主体分类 36
　　四、按招标对象的广度分类 37
　复习思考题 40

第四章　物业管理投标的策划与组织 41
第一节　物业管理投标的条件和程序 42
　　一、物业管理投标的条件 42
　　二、物业管理投标程序及实施细则 43
第二节　物业管理投标决策 51
　　一、投标决策的含义及阶段划分 52
　　二、影响投标决策的因素 53
　复习思考题 56

第五章　物业管理投标书的编写 57
第一节　物业管理投标书的组成与主要内容 58
　　一、物业管理投标书的组成 58
　　二、物业管理投标书的主要内容 59
第二节　物业管理投标书的编制 61
　　一、物业管理投标书的基本要素 61
　　二、物业管理投标书编写中应注意的问题 62
　　三、一些不规范的编标行为 63
第三节　物业管理投标书样本 64
　复习思考题 81

第六章　开标、评标与定标 82
第一节　开标 83
　　一、开标的定义及方式 83
　　二、开标的基本过程 83
　　三、废标的确定 84
第二节　评标 84
　　一、评标活动和评标委员会的组建 84
　　二、评标办法和原则 85

　　三、评标程序 85
　　四、详细评审的方法 88
　　五、评标报告的编写 90
第三节　定标 91
　　一、定标的程序 91
　　二、中标人的法定义务 92
　复习思考题 93

第七章　物业服务合同的签订与管理 94
第一节　物业服务合同的签订 95
　　一、物业服务合同的概念 95
　　二、物业服务合同的特征 95
　　三、物业服务合同的签订 95
　　四、物业服务合同的终止 97
　　五、签订物业服务合同的注意事项 97
第二节　物业服务合同的管理 99
　　一、物业服务合同的主要内容 99
　　二、前期物业服务合同与物业服务合同 100
　　三、物业服务合同的作用 101
　　四、物业服务合同的执行 101
第三节　物业服务合同示范文本 101
　复习思考题 116

第八章　物业管理招标投标争议及其解决方式 117
第一节　物业管理招标投标常见的争议形式 118
　　一、招标投标过程中的争议 118
　　二、有关物业委托管理合同的争议 120
第二节　物业管理招标投标争议的解决方式 121
　　一、民事纠纷的解决 121
　　二、行政争议的解决 123

复习思考题 125

第九章　物业管理招标投标案例分析 126
　　案例一　这样的合同有效吗？ 127
　　案例二　北京市回龙观"竞选"管家 129
　　案例三　南京3000"高知"户聘
　　　　　　"管家" 130
　　案例四　天津嘉海花园物业管理
　　　　　　项目招标揭晓 133

　　案例五　拱北口岸联检楼物业管理
　　　　　　公开招标 134
　　案例六　青岛通过招投标形成物业
　　　　　　管理市场竞争机制 136

附录一　前期物业管理招标投标
　　　　管理暂行办法 137

附录二　中华人民共和国招标投标法 144

参考文献 153

第一章

物业管理与招标投标制度

招标与投标是伴随社会经济的发展而产生的并不断发展的高级的、有组织的、规范的交易运作方式，在国际上已经运用了一二百年。它是一种引入竞争机制、适用范围极为广泛的市场行为，被广泛运用于强调竞争与效率的世界经济活动中。在中国，物业管理领域开展招投标是近几年的事情，其目的是在日益快速发展的物业管理领域引入市场竞争机制，通过加快物业管理市场化的进程，提高物业管理行业的管理服务水平，改善物业管理行业的整体效益和面貌。

第一节　物业管理基本概念

一、物业

物业的英语词汇是 Estate 或 Property。它是指已建成的并具有使用功能和经济效用的各类供居住和非居住用途的房屋以及与之相配套的设备和市政及公用设施，房屋所在的建筑地块与附属的场地、庭院等。物业的定义规定了物业的内涵所包含的三个要求：

（1）已建成并具有使用功能和经济效用的各类供居住和非居住的房屋；

（2）与这些房屋相配套的设备和市政及公用设施；

（3）房屋的建筑（包括内部的各项设施）和相邻的场地、庭院、停车场、小区内的非主干交通道路。物业是一个具有弹性的概念，可以根据区域空间、所有权属等做相对划分。例如，根据用途，物业可以分为住宅公寓（小区）、写字楼、商铺、酒店旅馆、娱乐场所、金融大厦、工业厂房、停车场、车站、码头、仓库、文化馆、影剧院、体育场、学校、医院等。而且，物业具有位置固定、不可移动的自然属性，所以通常又被称为不动产。就其根本性质而言，物业又只是房地产业进入消费领域的房地产商品，是房地产业在消费领域的延伸。

二、物业管理

物业管理是房地产综合开发的派生产物，它作为房地产市场的消费环节，实质上是房地产综合开发的延续与完善，是一种综合性经营服务方式。物业管理的概念有广义和狭义之分，通常所讲的物业管理，是一种狭义范围内的物业管理，即对房地产的管理。它是指物业管理经营人受物业业主或使用人的委托，按照国家法律规定，依照合同和契约，遵守行业标准，对已竣工验收并投入使用的各类房屋建筑和附属配套设施及场地运用现代化的管理方式和先进的维修养护技术，以经济手段进行管理。与此同时，对房屋区域周围的环境、清洁卫生、安全保卫、公共绿化、道路养护等统一实施专业化管理，并且向物业业主或使用人提供多方面的综合性服务，以创造一个良好的社会环境，满足人们日益增长的居住、消费需求，使得物业能够保值甚至增值。其中，物业管理经营人是指从事物业管理的企业或组织；其管理的对象是完整的物业，服务的对象是人（即物业的业主和非业主的使用人，包括同住人、承租人和实际使用物业的其他人）。

物业管理（Property Management）最早产生于19世纪60年代的英国，到现在已有一百多年的发展历史。在中国，物业管理是伴随房地产业的发展和国家的改革开放而产生并发展起来的。20世纪80年代，在中国改革开放的前沿阵地——深圳和广州，首先出现了借鉴中国香港经验、大胆探索、不断创新的现代物业管理行业。中国（大陆）最早成立的专业化物业管理组织机构为深圳市物业服务企业，该企业成立于1981年3月10日，它的成立是中国新型房地产管理模式诞生的标志，意味着中国的房地产管理从此发生了划时代的变化。

三、业主和业主委员会

业主是指物业的所有权人。

业主委员会是由业主代表组成，代表业主利益，向社会各方反映业主意愿和要求并监督物业服务企业行为的一个具有法人地位和相应权利义务的业主团体组织。

通常某个物业管理区域内，具备如下情况之一时，所在地的区、县房地产管理部门应当会同房地产开发商或其合法代表组织召开第一次业主大会（或者业主代表大会），选举产生业主委员会：

（1）公有住宅出售建筑面积达到30%以上；
（2）新建商品住宅出售建筑面积达到50%以上；
（3）住宅出售已满2年。

业主委员会应当自选举产生之日起15日内，持下列文件向所在地的区、县房地产管理部门办理登记：

（1）成立业主委员会登记申请书；
（2）业主委员会委员名单；
（3）业主委员会章程。

业主委员会是代表全体业主行使权利的机构，它对物业管理的健康发展有着重要的意义。

四、物业服务企业

物业服务企业是依照委托管理的契约，按照法律和业主的意图，受托对物业实施专业化管理和经营，并向用户提供全方位、多层次有偿服务为主要经营活动，风险与利益一致，以经营为目的，能独立承担民事责任，依法成立的经济实体。某一物业服务企业的机构设置及组成与其管理房产的规模、服务标准、质量是紧密相连的。

一般的，物业服务企业有三个基本特征：

（1）是以营利为目的的经济组织；
（2）是依法登记注册的企业法人；
（3）是以受托对物业实施管理及向用户提供劳动服务为主要经营活动的实体。

五、前期物业管理与物业管理的早期介入

在原建设部 2003 年 10 月正式向全国推广的《前期物业管理服务协议》标准格式文本中，对"前期物业管理"下了这样的定义：前期物业管理是指房屋出售之日起至业主委员会与物业服务企业签订《物业管理合同》生效时止的物业管理。这说明前期物业管理有别于一般意义的物业管理。前期物业管理期间，由于业主委员会尚未成立，没有选聘物业服务企业的职权机构，但已有部分业主入住，不能没有物业管理和服务，那只能由房地产开发商选聘物业管理单位，或者就是房地产开发商属下的物业服务企业来承担物业管理和服务工作。

物业管理的早期介入，也称早期管理，是指在物业服务企业未正式接管物业之前、建设项目未竣工之前的施工阶段甚至未动工之前的规划阶段就介入，从事一些前期把关和服务工作。

物业管理应该实施早期介入或前期物业管理，早期介入或前期物业管理不是可有可无的，而是十分必要的。

六、物业管理法规

法规是法律规范的简称，指由国家制定或认可，反映统治阶级意志，并以国家强制力保证其实施的社会行为规范。物业管理法规，是法律规范体系中的一种，它是针对物业管理活动中涉及的各方面、各类型权利和义务关系进行调整、界定并引导、规范、制约物业管理过程中各种基本行为的法律规范制度。或者简单地讲，它是在物业管理活动中调整其涉及的各方面的权利和义务的法律规范。比如：义务人不缴纳管理费或水、电、煤气费的，或损坏物业公共设施而又拒绝修复或赔偿的，或管理公司将专项维修费挪作他用且情节严重的，或住房质量明显不符合标准而开发商软拖硬抗不理睬的，针对这些情况，有关组织或个人均可申请司法部门强制义务人履行自己的义务或强制责任人承担法律责任。

物业管理法规是保证物业管理健康发展的前提。目前，中国的物业管理法规已基本形成了一个体系。与物业管理招投标相关的法规，有《中华人民共和国招标投标法》（简称《招标投标法》）、《前期物业管理招标投标管理暂行办法》、《物业管理条例》等。

第二节　招标投标基础知识

一、招标投标

招标投标，是指招标人（招标单位）事先提出货物、工程或服务采购的条件和要求，发表招标公告，招请或邀请众多投标人参加投标并按照规定程序从中选择交易对象的一种市场交易行为。招标承包中的标，也叫"标的"，是指"拟发包工程项目内容的标明"。

从招标整个交易过程来看，它必然包括招标和投标两个最基本的环节，前者是招标人以一定的方式邀请不特定或一定数量的自然人、法人或其他组织投标，后者是投标人响应招标人的要求参加投标竞争。没有招标就不会有供应商或承包商的投标；没有投标，采购人的招标就没有得到响应，也就没有开标、评标、定标和合同签订及履行等。在世界各国和有关国际组织的招标采购法律法规中，尽管大都只称招标（如国际竞争性招标、国内竞争性招标、选择性招标、限制性招标等），但无不对投标做出相应的规定和约束。因此，招标与投标是一对相互对应的范畴，无论叫招标投标还是叫招标，都是内涵和外延一致的概念。

招投标是由招标人提出自己的要求和条件，利用投标企业之间的竞争，进行"货比三家"、"优中选优"，达到投资省或付款省、工程质量高或机器设备好、工期短或供货时间快、服务上乘等目的。招投标是市场交易活动的一种运作方式，它的特点是由专一的买主设定包括商品质量、价格、期限为主的标的，邀请若干卖主通过秘密报价实行竞争，由买主选择优胜者，与之达成交易协议，签订合同，随之按合同实现标的。

一般而言，招投标作为当事人之间达成协议的一种交易方式，必然包括两方主体，即招标人和投标人。某些情况下，还可能包括他们的代理人，即招投标代理机构。这三者共同构成了招投标活动的参加人和招投标法律关系的基本主体。

（一）招标人

招标人，也叫招标采购人，是采用招标方式进行货物、工程或服务采购的法人和其他社会经济组织。

招标人享有的权利一般包括：

（1）自行组织招标或者委托招标代理机构进行招标；

（2）自由选定招标代理机构并核验其资质证明；

（3）委托招标代理机构招标时，可以参与整个招标过程，其代表可以进入评标委员会；

（4）要求投标人提供有关资质情况的资料；

（5）根据评标委员会推荐的候选人确定中标人。

招标人应该履行下列义务：

（1）不得侵犯投标人的合法权益；

（2）委托招标代理机构进行招标时，应当向其提供招标所需的有关资料并支付委托费；

（3）接受招投标管理机构的监督管理；

（4）与中标人签订并履行合同。

（二）投标人

投标人是指响应招标、参加投标竞争的法人或者其他组织。其中，那些对招标公告或邀请感兴趣的、可能参加投标的人称为潜在投标人，只有那些响应并参加投标的潜在投标人才能称为投标人。

投标人一般要求具备下列条件：
(1) 与招标文件要求相适应的人力、物力和财力；
(2) 招标文件要求的资质证书和相应的工作经验与业绩证明；
(3) 法律、法规规定的其他条件。

投标人享有的权利一般包括：
(1) 平等地获得招标信息；
(2) 要求招标人或招标代理机构对招标文件中的有关问题进行答疑；
(3) 控告、检举招标过程中的违法行为。

投标人应该履行下列义务：
(1) 保证所提供的投标文件的真实性；
(2) 按招标人或招标代理机构的要求对投标文件的有关问题进行答疑；
(3) 提供投标保证金或其他形式的担保；
(4) 中标后与招标人签订并履行合同，非经招标人同意不得转让或分包合同。

（三）招投标代理机构

招投标代理机构，在中国是独立核算、自负盈亏的从事招投标代理业务的社会中介组织。招投标代理机构必须依法取得法定的招投标代理资质等级证书，并依据其招投标代理资质等级从事相应的招投标代理业务。招投标代理机构受招标人或投标人的委托开展招投标代理活动，其行为对招标人或投标人产生效力。

作为一种民事代理人，招投标代理机构享有的权利包括：
(1) 组织和参与招投标活动；
(2) 依据招标文件规定，审查投标人的资质；
(3) 按照规定标准收取招标代理费；
(4) 招标人或投标人授予的其他权利。

招投标代理机构也应该履行相应的义务：
(1) 维护招标人和投标人的合法权益；
(2) 组织编制、解释招标文件或投标文件；
(3) 接受招投标管理机构和招投标协会的指导、监督。

二、招标

对招标的定义，现在流行的有以下几种：
(1) 招标是业主就拟建工程准备招标文件，发布招标广告或信函以吸引或邀请承包商来购买招标文件，进而使承包商投标的过程；
(2) 招标是指招标人（标主）以企业承包项目、建筑工程设计和施工、大宗商品交易等为目的，将拟买卖的商品或拟建工程等的名称、自己的要求和条件、有关的材料或图样等对外公布，招来合乎要求条件的承包商参与竞争，招标人通过比较论证，选择其中条件最佳者为中标人并与之签订合同；

（3）招标就是择优；

（4）招标是一种买卖方法，是业主选择最合理供货商、承建商或劳务提供者的一种手段，是实施资源最优、合理配置的前提，招标全过程是选择实质性响应标的过程，因而招标也是各方面利益比较、均衡的过程；

（5）招标是将项目的要求和条件公开告示，让合乎要求和条件的承包者（各种经济形式的企业）参与竞争，从中选择最佳对象为中标者，然后双方订立合同，这个过程称之为招标；

（6）已广泛运用的工程招标，则是指建设单位（招标单位）在发包建设工程项目前，发表招标公告，由多家工程承包企业（咨询公司、勘察设计单位、建筑公司、安装公司等）前来投标，最后由建设单位从中择优选定承包企业的一种经济行为。

三、投标

所谓投标（Tender 或者 Bid），有时也叫报价（Offer），是对招标的回应，是竞争承包的行为。它是指竞标者按照招标公告的要求与条件提出投标方案的法律行为。

一般情况下，投标是在投标人详细认真研究招标文件的内容基础上，在充分调查情况之后，根据招标书所列的条件、要求，开列清单、拟出详细方案并提出自己要求的价格等有关条件，在规定的投标期限内向招标人投函申请参加竞争的过程。

下面以对工程项目施工投标为例，对投标过程作一简单介绍。

（1）做出投标决策。国内外都有许多招标项目，一个公司在某一个阶段参不参加投标，对某一个范围的工程投哪一个工程的标，投高标价还是投低标价，就是投标决策（Make Decision）。

目前，国内的许多工程公司，已逐步打破了狭窄的专业界限，做到既有自己的专业特长，又有较广泛的适应性，可以从事多种类型的工程建设，在国外更是如此。但是，对一个公司来说，面对国内外众多的招标承包项目，究竟应该如何确定投标的对象——投标决策便是放在公司经理面前的第一个重要课题。

当初步做出对某一个项目投标的决定后，随即就应购买与填报资格预审文件。可以说，填报资格预审文件的过程也是深入研究项目招标内容，提出详细意见供公司领导进一步决策的过程。

（2）进行投标准备。当确定对一个工程投标之后，需要做大量的准备工作，确定投标组织和人员，确定承包方法（本公司独自承包或与其他公司合作），进行现场考察以及核算工程量等。同时，还应该尽可能地了解、研究有关竞争对手的一些情况。

（3）制订施工方案，研究替代方案，估算工程成本，确定利润目标，计算投标报价，编制投标文件等。其中，投标文件在整个招投标过程中占据着特殊重要的地位，直接关系到招投标的成败以及日后工程项目的能否顺利进行，应认真做好。

（4）做出报价决策，递交投标书。当计算出工程成本、提出投标报价方案后，公司领导要根据当时具体情况，包括了解到的竞争对手情况，做出最后的投标报价决策。然后，按规定时间、地点及招标单位的投标要求递送投标书。

四、开标

开标是招标的重要程序。招标单位在规定的时间和地点内，在管理部门或招投标公司的主持下和有投标单位出席的情况下，当众公开拆封投标资料（包括投标函件），宣布投标单位的名称、投标报价及投标价格的修改，这个过程叫开标。

开标必须在紧接着截标时间之后进行。《招标投标法》第三十四条规定："开标应当在招标文件确定的提交投标文件截止时间的同一时间公开进行；开标地点应当为招标文件中预先确定的地点。"这样规定是为了防止投标截止日期之后与开标之前有一段时间间隔，间隔时间过长容易出现投标书被窥窃、涂改等现象。若有一个投标人的投标文件被开封宣读之后，就不应再要求或允许任何投标人改变其投标。

五、评标

招标单位根据招标文件的要求，对投标单位所报送的投标资料进行审查和比较，对项目报价、质量、工期条件等进行评比和分析，以选出最满意的中标人，这个过程就叫做评标。

评标是一件相当复杂的工作，它是由招标人依法组建的评标委员会负责，在严格保密的情况下进行的。评标主要是从技术、商务的角度对每份投标文件进行分析，根据招标单位的要求而择优做出决策。而且，评标必须按照已制定且公开的标准和方法进行。评标的基本原则是：

（1）必须把评标的标准和评标因素及其量化计算方法事先制定好并写在招标书里，开标后依次进行评标，不能开标后再针对投标内容来随意制定评标原则和计算方法；

（2）评标依据是涵盖在招标书和评标书内容中的，招标书、投标书内容以外的东西，不能作为评标依据；

（3）招标书中要求不明确、前后矛盾或界限含糊不清的，均不得作为评标依据；

（4）违反国家法律、法规的不能中标。

六、招标标的

招标标的是指招标的项目。由于涉及的范围广泛，正处于不断被修正过程中。从有关国家和国际组织法律、条约、协议、决定等的规定来看，通常可以将招标标的分为货物（物资）、工程和服务三种，但是三者之间如何划分，尤其对服务如何界定，仍有分歧。例如，在《WTO政府采购协议》中，招标标的分为产品和服务，服务包括建筑工程。在《国际复兴开发银行贷款和国际开发协会信贷采购指南》（简称《世界银行采购指南》）中将其分为货物和工程（包括其相关的服务）两类，其中货物包括商品、原材料、机械、设备和工业厂房。在《联合国采购示范法》中则明确界定了货物和工程标的，该法规定："货物"是指各种各样的物品，包括原材料、产品、设备和固态、液态或气态物体和电力；"工程"是指与楼房、结构或建筑物的建造、改建、拆除、修缮或翻新有关的一切工作；而对于"服务"，只泛泛定义为"除货物或工程以外的任何采购对象"。在世界贸易组织《服务贸易总协定》中只对"服务贸易"的几种形式作了界定，没有对服务本身的性质做出明确规定。从中国的招标实践看，招标标的可以分为货物、工程和服务三类。其中，在货物方面主要是指机电设备和大宗原辅材料；在工程方面主要包括工程建设和安装；在服务方面主要包括了科研课题、工程监理、招标代理、承包租赁等项目。

第三节 招标投标制度的起源与发展

一、海外招投标的起源与发展

招标办法最早来源于原始的"招标拍卖"。实行"招标拍卖"是把东西卖给愿出高价的买主。例如一幅名画拍卖，如果买主较多，大家出高价争购这幅名画，就会形成竞争；反之，如果买主较少时，不但不会抬价竞争，还会出现压价现象，甚至出现亏本出售的局面。而招标制与招标拍卖不同，招标拍卖东西是选"高价出售"，招标承包工程则是选"低价出包"。招标制的发展过程，大体可分为以下两个阶段。

（一）原始招标阶段

原始招标办法只有一个条件，就是"谁的报价最低就给谁干"。其缺点是明显的，即便宜的东西往往质量不好。"便宜没有好货"，这是人们生活中经常遇到的事情，因为在生产手段基本相同的条件下，质量和价格有着一定的关系。例如，对劳动力来说，技术水平高和工作熟练的工人，其工资高些；质量好的材料比质量次的材料价格要贵些。当然，它所构成的工程成本自然也就不同。因此，在通常情况下，贪便宜往往会招来不可靠的承包商。这在资本主义的招标史上，已经是司空见惯的事情。

（二）现代招标办法的产生与发展

现代招标办法是在原始招标办法的基础上发展起来的，与原始招标办法相比，现代招标办法有三个特点。

（1）招标前，先编制一套完整的"工程标底"，做到心中有数。起初是由招标单位自己编制标底，以后又发展为聘请专门的"预算公司"（或咨询公司）的预算专家来做标底，以求得准确无误。

(2) 对参加投标的承包商预先进行资格审查，只有取得"投标资格"的承包商才允许参加投标。

(3) 扩大了评价条件，从过去的一个条件"谁报价最低就给谁干"，发展为预选前三名（或前两名）作为评标对象，再从其中选定一个为"中标"单位。评选的条件是：技术能力强弱、施工质量高低、信誉好坏和资本雄厚程度等。因此，除了报价最低的头标以外，第二、第三标价也可能中标，少数情况下，第四标价也有中标的可能性。

现代招标办法是目前西方发达国家普遍实行的一种招标方式，已盛行很久。最早可追溯至18世纪后叶英国实行的"公共采购"或称"集中采购"。可以说，这种公共采购是公开招标的雏形和最原始形式。当时英国的社会购买市场可按购买人划分为公共采购和私人采购两种。私人采购的方法和程序是任意的，或通过洽谈签约，或从拍卖市场买进，形式不受约束；公共采购的方式则是受限制的，一般要求以招标方式进行采购，只有在招标不可能的情况下才能以谈判方式购买。其原因是：公共采购的开支，即政府机构和公用事业部门的开支主要来源于税收。税收取之于民，开支的使用就要对公众负责。因此，政府机构和公用事业部门有义务保证自己购买行为的合理和有效。为便于公众监督，上述部门的采购要最大限度公开、透明，公开招标即由此产生。

自第二次世界大战以来，招标的影响力不断扩大。先是西方发达国家，接着是世界银行、亚洲开发银行等国际金融组织在货物采购、工程承包、咨询合同中大量推行招标方式。近二三十年以来，发展中国家也日益重视招标，并在设备采购、工程承包中采用招标方式。招标作为一种成熟而高级的交易方式，其重要性和优越性在国内、国际经济活动中日益为各个国家和国际组织所广泛认可，进而在相当多的国家和国际组织中通过立法得到推行。

国际招标与其他国际贸易方式相比，具有公开性、公正性、一次性和有组织性等特征，可以使资金得到更有效的、更节省的使用，因此在国际经济贸易中被普遍采用。许多国家、地区和国际组织成立专门的机构或通过专门的法律，以确定招标采购的重要地位。例如：美国在1861年通过一项联邦法案，规定超过一定金额的联邦政府的采购，都必须使用公开招标的方式；新西兰政府则对专门设立的招标机构"采购部"颁布物资采购规定，作为招标条例进行实施和贯彻；中国台湾在《公营事业申请输入货物办法》中规定，公营单位需从国外购进的货物，除一些特殊情况外，都应以国际招标方式采购；世界贸易组织（原关贸总协定）于1973年9月通过了"政府采购将采用国际竞争性招标，不应对该组织成员国供货人进行歧视"的协议，并于1980年1月1日开始实施；世界银行、亚洲开发银行等国际金融组织同样重视招标的作用，限定以国际竞争性招标（ICB）作为主要采购方式，否则不予贷款。

这期间的发展，除了地域的扩展外，主要还表现在招投标的各项工作日趋完善和严格。例如资格审查的范围越来越宽，从过去只审查承包商自己的企业，发展到对分包商、供货商的技术装备和工艺过程都作为承包商的附带条件而进行全面审查，并且审查的方式也越来越严格。而且，评标与定标时，招标单位不仅仅只看书面文件资料，还亲自派人察看承包商过去所完成的工程项目的施工质量，调查承包商所报资料的真实程度等，作为评选时的参考。与此同时，工程标底也越来越细和日趋准确，并且在工程标底中加上了一定的利润（10%左右），使得中标的承包商有利可图。

二、中国招投标的发展历程

中国有较完整史料记载的招投标活动发生在清朝末期。但是，新中国正式进入国际招投标市场却是在1979年以后。

从20世纪80年代初开始，中国逐步实行了招投标制度，先后在利用国外贷款、机电设备进口、建设工程发包、科研课题分配、出口商品配额分配等领域推行。从中国招投标活动的发展进程与特点来看，大致可分为四个发展阶段。

（一）新中国成立前：萌芽时期

早在19世纪初期，一些资本主义国家先后形成了较为完善的招投标制度，主要用于土建方面。旧中国由于外国资本的入侵，商品经济有所发展，工程招投标也曾成为当时土建方面的主要方式。据史料记载，1902年，张之洞创办湖北制革厂时，采用了招商比价（招投标）方式承包工程，五家营造商参加投标比价，结果张同升以1 270.1两白银的开价中标，并签订了以质量保证、施工工期、付款办法为主要内容的承包合同。1918年，汉阳铁厂的两项扩建工程曾在汉口《新闻报》刊登通告，公开招标。到1929年，当时的武汉市采办委员会曾公布招标规则，规定公有建筑或一次采购物料大于3 000元以上者，均须通过招标决定承办厂商。但是，旧中国特殊的封建、半封建社会形态遏制了这项事业的发展，致使招投标在中国近代并未像西方社会那样得到发展。

（二）从新中国成立到十一届三中全会召开：停滞时期

中华人民共和国成立以后，逐渐形成了高度集中的计划经济体制。在这一体制下，政府部门、国有企业及其相关的公共部门，基础建设和采购任务都由行政主管部门用指令性计划下达，企业经营活动由主管部门安排，招投标一度被中止。

（三）1979～1999年：恢复与全面展开时期

随着党的十一届三中全会胜利召开，中心工作开始转移到经济建设上来，并实行了改革开放、科教兴国的战略，招投标制度从建筑业中的建设工程开始进行招投标试点，并逐渐推广到其他领域。

1979年，我国几家大的土建安装企业最先参与国际市场竞争，以国际招投标方式，在亚洲、非洲和中国港澳地区开展国际工程承包业务，取得了国际工程投标的经验与信誉。

世界银行在1980年提供给中国的第一笔贷款，即大型发展项目时，以国际竞争性招标方式在中国开展了其项目采购与建设活动。在以后的几年里，中国先后利用国际招标完成了许多大型项目的建设与引进。例如，中国南海莺歌海盆地石油资源的开采，华北平原盐碱地改造项目，八城市淡水养鱼项目以及闻名全国的云南鲁布格水电站工程等。

1980年10月7日，国务院在《关于开展和保护社会主义竞争的暂行规定》中首次提出，为了改革现行经济管理体制，进一步开展社会主义竞争，对一些适宜于承包的生产建设项目和经营项目，可以试行招投标的方法。

1981年吉林省吉林市和广东省经济特区深圳市率先试行工程招投标，取得了良好效果，这个尝试在全国起到了示范作用，并揭开了中国招投标的新篇章。

1983年6月7日，原城乡建设环境保护部颁布了《建筑安装工程招标投标试行办法》。该办法规定"凡经国家和省、市、自治区批准的建筑安装工程均可按本办法的规定，通过招标择优选定施工单位"。这是建设工程招投标的第一个部门规章，为中国推行招投标制度奠定了法律基础。

1984年9月18日，国务院又颁布了《关于改革建筑业和基本建设管理体制若干问题的暂行规定》，提出"大力推行工程招标承包制"，要改变单纯用行政手段分配建设任务的老办法，实行招投标。

1984年11月，原国家计委和原城乡建设环境保护部联合制定了《建设工程招标投标暂行规范》，从此全面拉开了中国招投标制度的序幕。

为了适应国际招标的需要，1984年12月，中国第一家专营国际招标的机构——中国技术进出口总公司的国际招标公司成立。

随着国际招标业务在中国的进一步发展，中国机械进出口总公司、中国化工建设总公司、中国仪器进出口总公司相继成立了国际招标公司。1985年，国务院决定成立中国机电设备招标中心，并在主要城市建立招标机构，对进口机电设备全面推行招标采购。

1986年6月，我国能够独立参加国际投标的公司数量上升到七十多家。通过在国际招投标市场的锻炼，中国企业对外投标的竞争能力得到加强，由原来只对一些小金额合同的投标，发展到对一亿美元以上大项目的投标。

1992年12月30日，由原建设部发布了《工程建设施工招标投标管理办法》。

上述政策的出台和实践经验的积累，极大地推动了建设工程招投标工作在全国范围的开展。据有关部门统计，1984年招投标面积占当年施工面积的4.8%；1985年上升到13%；1986年为15%；1987年为18%；1988年为21.7%；1989年为24%；1990年为29.5%；1996年达到54%，个别省份如陕西、河北、江苏等则已达到90%以上。1999年，全国实行招标的工程已占应招标工程的98%。

在工程建设施工招投标取得了显著成绩并积累了一定经验之后，国家也开始通过采用招投标制度来推动其他领域的市场化，以形成竞争机制。通常在下面的领域内实行招投标制度。

1. 基本建设项目的设计、建设、安装、监理和设备、材料供应

1997年原国家计委在系统总结实践经验的基础上,顺应社会主义市场经济体制发展要求,制定并发布了《国家基本建设大中型项目实行招标投标的暂行规定》,指出建设项目主体工程的设计、建设、安装、监理和主要设备、材料供应,其工程总承包单位,除特殊情况或要求外,都要实行招投标。例如三峡工程、小浪底工程都采用了公开招标方式。

2. 科技项目承担者筛选

长期以来,中国科技工作主要是靠行政手段进行管理。从科研课题的确定到开发,直到试验、生产都由国家指令计划安排,这种做法在政策上具有一定的盲目性,而且在实施过程中存在着项目重复、部门分割、投入分散、人情照顾等弊端,使有限的科技投入难以发挥最优的功效。为了克服这些弊端,1996年4月国家科委(现科技部)首次对国家重大科技产业工程项目——"高清晰度电视功能样机研究开发工程项目"实行公开招标。1997年5月,国家科委组织了重大科技产业项目——"工厂化高效农业示范工程",有16项工程关键技术和重大研发课题面向全国公开招标。这两次招标活动在国内科技界产生了积极反响,为进一步推动中国科技项目实行招标奠定了基础。

3. 政府采购

政府采购也称公共采购。随着人们对政府采购制度和招投标制度认识的不断增强,一些地方政府开始以招投标为主要方式进行政府采购的试点工作。上海市率先于1996年开展了政府采购试点工作,随后,河北、深圳、重庆等地相继开展试点。逐渐地,政府采购招标在全国各地开始实施。截至1998年年底,全国有29个省、自治区、直辖市和计划单列市不同程度地开展了政府采购试点工作。

深圳市政府于1997年11月以公开招标方式采购27辆公务用车,有7家汽车供应商参加投标竞争,中标成交价比市价低7.1%,财政因此节省资金70万元;该市1998年2月对城市绿化工程进行招标,有34家专业公司参加竞标,结果两家公司以低于预算52%的价格中标,财政因此节省绿化开支155万元。1998年深圳市人大通过中国第一个有关政府采购的地方性法规——《深圳经济特区政府采购条例》。

北京市在市政管理上也做了一些尝试。崇文门外大街扩建后,新增四条滚梯式地下通道,若仍采用原来的管理模式不仅无法做到昼夜服务,每年还需要财政拨款50万元。为了克服这一问题,崇文区引用市场招标机制,选择了一家公司,不但使服务质量得到了保证,而且节省了一半经费,仅需要25万元。

江苏13个省辖市64个县(市)全部实行了政府采购制度。据初步统计,1999年1年全省政府采购预算为9.8亿元,实际支付8.6亿元,节约资金1.2亿元,节约率为12%。

从试点地区情况来看,招标采购节约率普遍为10%～15%,少数项目达到30%～50%,目前全国政府采购金额估计在2 000亿元左右,若按10%的平均节约率计算,每年可节省

采购资金 200 亿元。

4. 土地使用权出让

1987年11月25日，在中国改革开放的前沿阵地——深圳第一次以招标方式出让了面积为46 355平方米的土地使用权，用于商品房建设。有9家企业参与竞标，其中最高标价为1 891.28万元，最低为1 500万元。而深圳市政府初步内定标底为1 539万元，最后经过评标，以标价为1 705.88万元，即每平方米地价368元中标。这次土地使用权的出让活动不仅为政府增加了收入，更重要的是运用了市场规则，能充分地利用好土地。这次良好的开端，启动了其他地、市以招标方式出让土地使用权的实践，例如广东省已有25个市、县试行以招标、拍卖方式出让国有土地。

改革开放、市场经济的发展以及政府对招标工作的重视，使中国招标业日益深入地发展着。目前，中国的招标活动已涉足铁路、交通、电力、石油、化工、煤炭、机械、电子、航空航天、城建、农业、环保、技术转让、教育、卫生等国民经济各部门、各领域；既有物质的，也有非物质的；既有商品，也有劳务，范围非常广泛。从招标制度在中国的建立和发展过程来看，大部分招标活动对中国市场经济的公平竞争和高效运行起到了显著的促进作用。随着中国市场经济体制的逐渐完善与市场体系的迅速发展，在中国大力开展招投标的客观经济环境已逐步形成。

5. 利用国际金融组织和外国政府贷款项目的建设

中国利用的国际金融组织和外国政府贷款主要有世界银行贷款、亚洲开发银行贷款等。按照贷款方的要求，利用这些贷款的项目一般均需采用国际或国内竞争性招标。中国对这些贷款的窗口管理部门根据贷款方的有关规定和要求，制定有一些相关管理规定，例如《世界银行贷款项目国内竞争性招标采购指南》、《世界银行贷款项目机电设备采购审查办法》、《关于世界银行贷款项目招标采购项目采用标准文本的通知》、《关于颁布世界银行和亚洲开发银行贷款项目国际招标代理机构委托指南的通知》等。这些规定使得利用上述贷款的项目，其招投标的过程比较透明、公正和规范，保证了竞争性。

（四）2000年以来：法制化新时期

1999年8月30日，《招标投标法》在第九届全国人民代表大会第十一次会议上顺利通过，自2000年1月1日起正式实行。这部法律的通过和实施标志着招投标在中国终于走上了法制化道路，招投标活动进入了一个新的发展时期。

《招标投标法》是中国招投标的法律依据，它总结了二十多年来中国招投标活动的经验和做法，将实践证明成功的一些做法以法律形式肯定下来，同时，针对实践中存在的问题，规定了一套严格的操作程序，充分体现了保护国家利益和社会公共利益、规范招投标活动的立法宗旨，有利于防止不正当交易和腐败行为。

长期以来，中国实行的招投标都是依照政府文件而定，而自此以后要依照《招标投标法》来进行。例如《招标投标法》第三条明确规定"在中华人民共和国境内进行下列工程建设项目包括项目的勘察、设计、施工、监理以及与工程建设有关的重要设备、材料等的采购，必须进行招标：（1）大型基础设施、公用事业等关系社会公共利益、公共安全的项目；（2）全部或部分使用国有资金投资或国家融资的项目；（3）使用国际组织或者外国政府贷款、援助资金项目"。

《招标投标法》的实行，有利于创造一个公开、公平、公正的竞争环境，改变国有与集体企业以及各级政府等的采购方式；有利于在更大范围内推行招投标制度，规范招投标行为，发挥招投标的优化配置资源作用，甚至对中国市场经济的发展以及与国际经济接轨起到了积极的推进作用。

但是，当前招投标活动依然存在一些问题，例如不少单位不愿意招标或者想方设法规避招标；一些项目有招标之名而无招标之实等。在国际招标的程序和做法方面，仍未建立起专门的实施细则，造成中国目前的国际招投标工作不够规范，业主对有的国际金融组织贷款项目招标操作规程不熟悉，因而影响了工作效率和效果。此外，在中国，国际招投标的咨询业务的发展也不够充分，限制了企业对外投标竞争水平的提高。

第四节　招标投标制度与中国物业管理的发展

一、招投标制度与物业管理的市场化

实施招投标制度是大力推进物业管理市场化的重要手段。各地通过招投标能够促进物业管理市场竞争机制的形成。从实践中看，在中国首先开展了物业管理招投标活动的省市，物业管理市场发育就较好。例如，2000年3月，天津市首次开展物业管理招投标活动，经过公开、公平的激烈竞争，金厦物业服务企业一举中标，成为了嘉海花园一期的管家。这标志着天津市物业管理工作向着公平竞争的市场化发展方向迈出了历史性的一步，天津市建委、房产管理局等有关领导出席了竞标会，并对物业管理行业引入公平竞争机制给予了高度评价。这次招标活动不仅在天津市物业管理领域产生了较大的反响，而且直接推动了天津市物业管理的市场化进程。另据统计，到目前为止，深圳市已有5处住宅小区、一百多个其他各类物业通过公开招标、议标、邀请招标等竞争方式确定物业管理单位，参与竞标的物业服务企业四百多家（次），初步形成了较活跃的物业管理市场。

随着中国市场经济的发展，物业管理走向市场化成为一种必然的趋势。物业管理应由原来的管理服务终身制转变为由市场选择的聘用制，根据市场行情，确定一定的管理聘用标准。而物业服务企业提供的管理服务——劳务性的无形商品要通过市场实现交换，它的价值和价格就必须被物业管理市场所接受。通过物业管理招标，评定其价值和价格在现行物业管理市场能否被接受，是保证等价交换顺利进行的前提，也是价值规律的客观要求。

通过招投标制度，物业服务企业之间比管理、比质量、比服务、比效益，最终将淘汰管理服务差的落后企业，将积极推动物业管理的市场化进程。假如某物业服务企业在物业管理公开招标中夺得了某项物业的管理权，就标志着该物业服务企业在物业管理市场化中迈出了成功一步。事实上，对于一个管理有序、服务质量高的物业服务企业来说，是不应该害怕招投标的，相反应该积极参与，通过招投标不断扩大企业影响，占领市场。可以说，招投标是物业管理走向市场经济的"催化剂"，它作为一种规范化的竞争手段，在促进社会物业管理资源的合理流动与优化组合方面起着十分重要的作用。

二、招投标制度与物业管理行业整体水平的提高

招投标制度的实施可以推动物业管理行业整体水平的提高。当前，中国的物业管理行业发展迅速，截至 2002 年年底，全国城市物业管理覆盖率为 38%，经济发达省市已达 50% 以上。但目前中国物业管理行业的整体水平不高，效益差，物业服务企业利润率低，不利于物业服务企业的健康快速发展，也不能满足业主各个方面的需求。无论业主、物业服务企业，还是政府，都想尽快使物业管理行业的整体水平提高。推向市场，通过竞争有序的市场可以促使物业服务企业管理服务水平得到提高，而实行招投标方法有利于建立和培育公开、公平、公正的市场竞争秩序，促进市场体系的发育和完善。

事实上，许多城市物业服务企业数量多，但各企业管理的物业规模小，成本费用高，多数企业还处在亏损状态下经营，这对于物业管理整体水平的提高极为不利。而实行物业管理的招投标，从源头开始竞争，一是可以通过竞争选择，优胜劣汰，把市场机会留给管理服务水平高、有实力的物业服务企业，促进物业管理向专业化、集约化、规模化方向发展，降低管理服务成本，从而使物业服务企业获得正常的利润，使一些优秀的经营管理者留在物业管理行业中；二是可以激励资质较低、规模较小的物业服务企业改变经营管理方式，努力提高自身的管理服务水平；三是可以发展出一些"后起之秀"，保证物业管理市场的竞争性，激励物业服务企业提高管理服务水平。

招投标就是竞争，有竞争就有比较，物业服务企业要想在竞争中立于不败之地，就必须扬长避短，苦练"内功"。对企业本身来讲，要强化服务意识，加强企业内部建设，树立"业主不是全对的，但总是第一"的理念。特别在物业管理市场化以后，物业服务企业之间的竞争将日趋激烈，面对物业市场的不断扩展，企业要不断地创新，重视内部管理，重视成本控制，重视企业自身素质的提高，从而提高其自身的综合竞争力，才有可能在招投标中立于不败之地。一些企业已经意识到了竞争对企业的压力，已开始注重本企业形象设计，树立自己品牌，积极实施 ISO9002 质量认证等。广大的开发商品牌意识也加强了，他们在选择物业服务企业时，把一些服务质量高、信誉好的物业服务企业放在首选范围。因此，物业服务企业只有练好内功，树好品牌，才能在市场中占有一席之地，否则将可能被淘汰。

同时，物业服务企业为了在激烈的市场竞争中求得生存与发展，就必然会增强竞争意

识，把接受更多委托业务、扩大业务范围看成是市场竞争的第一要义，从而使这种外界的竞争压力转化成努力提高物业服务企业管理服务水准的动力。这样，就可以从根本上促进服务态度的改变以及服务质量、管理技术水平和经济效益的提高，从而有利于整个物业管理行业的发展。

三、招投标制度与物业服务企业的公平竞争

物业管理招投标是通过公开、公平、公正的市场竞争机制确定物业管理权的活动。参与招投标的各方必须通过公平竞争的市场手段来赢取某项物业的管理权。也就是说，招投标制度的推行，能够有效地促进物业服务企业的公平竞争，抑制浪费和腐败现象。这是因为在招投标活动中，每一个物业服务企业的标书都是公开的，每一个物业服务企业对目标物业的管理方案是公开的，每一个物业服务企业对管理经费的测算也是公开的，最终还需要经过评委认真地分析、比较，选择出最优的方案与中标企业，这就进一步改变了中国长期形成的福利住房制度下的管理不计成本、吃大锅饭的局面，从而避免了经济上的浪费，杜绝了腐败现象的发生。

在市场经济环境中，物业管理本质上是一种服务商品，物业管理活动也是一种市场经济活动。物业管理权的取得也应遵循市场规律，符合市场经济的基本原则。国内物业管理权的取得通过招投标将计划经济时期管理权的行政命令终身制变为市场选择的聘用制，接受市场公平竞争的考验，从而可促使物业服务企业之间展开公平竞争。

同时，在把物业管理作为一种服务商品推向市场时，会形成物业服务企业与开发商或业主间在物业管理市场上的双向选择，形成竞争局面。在竞争中，一些经营管理好、服务水平高、竞争能力强的企业将会赢得信誉和更多的委托管理业务；一些经营管理差、服务水平低的企业，将在竞争中被淘汰，阻断了依靠人情和关系网发展的实力弱小的物业服务企业的发展道路，更多地实现了公平，对有发展潜力的或实力较强的物业服务企业也形成了一种激励。

四、物业管理招投标与房地产管理体制的改革

随着中国经济体制改革的不断深化，原来行政性福利型的房地产管理体制已不能适应市场经济发展的需要，必须对旧的管理体制从根本上进行改革，走出一条符合中国国情，适应社会主义市场经济发展的社会化、市场化、专业化、经营型的管理新路。为此，必须将原来的行政性管理终身制变为企业经营型的聘用制。在这种新的体制下，房地产开发商或业主委员会都应有权选择物业服务企业。面对市场上众多的各种所有制的物业服务企业，供业主合理进行选择的重要手段就是实行物业管理招标。通过物业管理招标，房地产开发商或业主委员会就可以挑选到符合自己管理服务要求和标准的物业服务企业。也就是说，物业管理领域实行招投标不仅是为适应房地产管理体制改革而必然出现的现象，而且还会促使房地产管理体制改革的进一步深入。

五、物业管理招投标与合同双方利益的维护

物业管理招投标是维护业主和物业服务企业共同利益的前提。例如广东丽江花园，过去仅几十栋写字楼及住宅一年所需的清洁费就要67万元，而1998年通过招标，一年清洁费减至53万元，节约了14万元。费用减少了，清洁水平反而提高了，不但为业主节省了费用，管理公司也降低了成本，一举两得。事实上，招投标促使物业服务企业规范地获得物业管理权，不仅打破了长期以来物业管理市场"谁开发、谁管理"的旧局面，而且还明确了业主和物业使用人与物业服务企业双方的权利和义务，促使物业服务企业提供的服务更加规范。具体地讲，一方面，业主作为招标方，通过公平竞争选择了适合的"性价比"较好的物业服务企业，业主就可能享受到更优质的服务，物业项目也可能得到更充分的管理，从而实现保值增值，业主的合法权益也得以维护；另一方面，招投标为物业服务企业提供了发展的公平舞台，可促使物业服务企业不断拓展自身的业务，扩大规模，提升资质水平。

另外，由于物业管理招标单位在招标文件中，对所要管理的房屋、设施、设备、场地、环境等内容做了详细而具体的规定，并对服务质量、服务水平、服务收费也提出了相应要求，物业服务企业根据招标文件中的条件、要求以及自身企业的实力、水平来制定标书，应该说企业所送的最终竞标书是企业经过反复研究、深思熟虑的产物，如果能中标，那么在服务质量要求、服务收费标准等方面已与招标方取得了事实上的一致。中标后签订的合同，就能够明确双方的权利和义务以及履约保证和违约赔偿的办法，因而有利于物业管理的开展，避免了一些矛盾的产生。即使在管理中间出现了问题，也可依据合同规定和标书中的承诺处理，这样可减少经济纠纷。

总之，物业管理招投标实际上是一种市场的双向选择，物业服务企业提供给市场进行交换的标的是管理性服务，这种服务的优与劣、服务水平的高与低，是决定房地产开发商或业主委员会是否愿意购买其服务或愿意以多少价格购买的关键。而培育和发展有活力的物业管理竞争市场，是离不开物业管理招投标的。因此，物业管理招投标在国内的开展与普及，对推动中国物业管理行业的良性竞争，培育和发展物业管理市场有着极其重要的意义。同时，物业管理招标也是推动物业服务企业朝竞争性方向发展的重要的不可缺少的手段，还是进一步维护业主和物业服务企业双方利益的前提。

复习思考题

1. 招投标法律关系的基本主体有哪些？简要说明其权利和义务。
2. 简要论述海外招投标的起源与发展。
3. 简要论述我国招投标的发展历程。
4. 招标投标制度对我国物业管理的发展有何意义？

第二章

物业管理招标投标概述

招投标是在国内外经济活动中常用的一种竞争性的交易形式。1999年8月30日全国人大常委会第九届第十一次会议通过的我国第一部《招标投标法》，确立了强制性的招标制度。本章从物业管理招标投标的含义解释入手，概述了物业管理招标投标的基本要求与基本原则，讨论了物业管理招标投标的发展趋势。

第一节 物业管理招标投标的含义与特点

一、物业管理招标投标的含义

在借鉴国际惯例和考虑中国国情的基础上，《招标投标法》规定：大型基础设施、公用事业等关系社会公共利益、公众安全项目，全部或部分使用国有资金投资及国家融资的项目，使用国际组织或外国政府贷款、援助资金的项目，包括勘察设计、施工、监理以及工程建设有关的重要设备、材料等的采购，必须进行招标。将自己的要求和条件公开告示，让合乎要求和条件的承包者（各种经济形式的企业）参与竞争，从中选择最佳对象为中标者，然后双方订立合同。

（一）物业管理招标

物业管理招标是指物业所有权人或其法定代表的房地产开发商或业主委员会，在为其物业选择管理者时，通过制定符合其管理服务要求和标准的招标文件向社会公开，由多家竞投的物业服务企业竞投，从中选择最佳对象，并与之订立物业管理合同的过程。物业管理招标投标实际上是借助于国家成熟的工程招标法，来培育物业管理市场，推动物业管理发展，提高物业管理服务水平，与国际物业管理接轨的一种措施。实质上是物业管理权的一种交易形式。

物业管理招标的主体：物业管理招标的主体一般是物业开发建设单位、业主大会、物业产权人。在业主大会选聘物业服务企业之前的前期物业管理活动中，由物业开发建设单位负责物业管理服务的招标组织工作；业主大会已经成立的，由业主大会负责实施物业管理权的招标组织工作。

物业产权为政府国有资产管理部门的，物业管理招标必须经国有资产管理部门或相关产权部门批准，由产权人或管理使用单位，政府采购中心作为招标人组织招标也称为政府采购。

（二）物业管理投标

物业管理投标是对物业管理招标的响应，是指符合招标条件的物业服务企业，根据招标文件中确定的各项管理服务要求与标准，编制投标文件，参与投标竞争的行为。投标是对招标的回应，是竞做承包者的行为，是承包者按照招标公告的要求与条件，提出投标方案的法律行为。凡持有企业法人营业执照、资质证书，符合招标者要求的企业，不论其经济形式（国有企业、集体企业、民营企业、中外合资经营企业、外资企业等）都可以参加投标。

物业管理投标的主体：物业管理投标的主体一般是指具有符合招标条件的物业服务企业或专业管理公司。

专业管理公司通常是指具备一定资质、能承接物业管理专项服务的专业化企业，例如电梯专业公司、消防专业公司、园林绿化专业公司、清洁卫生专业公司、保安公司等。

就整体提供物业管理服务而言，投标的主体必须是具备相应资质的物业服务企业。

二、物业管理招标投标的必要性

物业管理招标投标的产生和发展，是以物业管理的商品化和市场化程度为基础的。目前，在市场经济发达的国家和地区基本上都建立了物业管理招标投标制度。我国物业管理的市场化起步较晚，物业管理招标投标在我国一些大城市中个别外商投资的物业率先实行。近几年来随着我国房地产业的蓬勃发展，一些国内投资的大型建筑项目也开始采用招标投标方式进行物业管理。物业管理招标投标尽管在我国刚刚起步，难免出现无章可循、鱼龙混杂的局面，但是必须看到它所代表的方向却是喜人的。随着我国房地产改革的深化，大力推广和完善物业管理招标投标制度，现已成为培育和发展我国物业管理市场的迫切需要，主要体现在下面三个方面。

（1）物业管理招标投标是发展社会主义市场经济的需要。随着社会主义市场经济的发展，物业管理作为一种服务性商品，也应当进入市场进行等价交换。而通过物业管理招标投标，评定其价值和价格在现行物业管理的市场价格水平下能否被接受，则是保证等价交换顺利进行的前提，从而也体现了价值规律客观要求。

（2）物业管理招标投标是房地产管理体制改革的需要。随着我国经济体制改革的不断深化，必须要对旧的管理体制进行根本性的改革，变原来的行政性管理终身制为企业经营型的聘用制。在这种新的体制下，开发商或业主委员会都应有权选择物业服务企业，此时，通过物业管理招标投标，可以解决开发商或业主与物业服务企业之间信息不相通的问题，使得房地产开发商或业主可以自主选择符合自己管理服务要求和标准的物业服务企业。

（3）物业管理招标投标是提高物业管理水平、促进物业管理行业发展的需要。要提高物业管理水平，促进物业管理行业的发展，就必须要有充满活力的市场竞争。由于物业管理招标投标使得物业服务企业与房地产开发商或业主之间双向选择，其形成的竞争局面必将使物业服务企业为了在激烈的市场竞争中求得生存发展而努力提高自身的管理水平和服务质量，从而推动整个物业管理行业的健康发展。

三、物业管理招标投标的特点

招标投标作为目前国内外广泛采用的一种经济活动方式，具有公正性、规范性、竞争性、风险性、约束性等特征。由于物业管理服务的特殊性，物业管理招标投标与其他类型的招标投标相比，有着自身的特点，具体表现为下面几个方面。

（一）综合性

由于物业管理是综合性的服务，服务内容的涵盖范围和领域较广，甚至在一个项目中有时会出现几种不同类型的物业，并要求投标人提供综合性的管理服务，因此，物业管理招标投标具有明显的综合性特点。例如高校物业项目或大型社区物业项目，由于其物业涉及住宅、公寓、办公楼、教学楼、商业服务区、工业区（校办企业）等，一般具有地域广、物业类型多、服务领域广等特点，因此，要求投标人所提供的服务具有综合性。

（二）差异性

我国幅员辽阔，人口众多，各地在经济、地理、人文等方面不尽相同，不同地区的人们对物业管理的认知水平、消费观念、需求标准存在着较大差异；投标人在分析和策划投标活动时采取的方式和策略也会有差异。

物业管理招标投标时，应充分考虑地区差异，招标人在招标过程中应根据物业自身的条件和本地区的实际情况，客观地制定招标条件和选择招标企业，投标人在参与投标活动时也应该充分考虑项目的地区性特点和要求。

（三）特殊性

物业管理招标投标具有一定的行业特殊性，主要体现在以下两个方面。

1. 招标主体的特殊性

首先，物业管理招标主体可以是业主大会（或单一业主）、建设单位、政府机关（或物业产权人）或事业单位，因此，即使是同一类型的物业，也会因产权人的身份不同而致使招标的主体也不同。其次，同一物业在投入使用前后招标主体也会发生改变，例如，建设期间和成立业主大会之前由建设单位作为招标主体；成立业主大会后则改由业主大会为招标主体。再次，对于公用设施和政府物业，由于其产权人多为政府资产管理部门，因此，该类物业的物业管理招标投标，须由其产权人组织，若由使用人组织，则须经产权部门的授权委托。

2. 物业管理服务内容的特殊性

物业管理不同于一般服务业，是具有社会公共服务和个体服务特征的群体服务，提供的是全天候、不间断、全方位和多层次的服务产品,因此,物业管理招标投标的内容也因产品服务对象、服务需求和服务内容而具有相对不确定性。

(四)提前性

物业管理所具有的特点,决定了物业管理项目招标必须在物业管理前期就进行。其一,由于物业的固定性、高值性、耐久性等的特点,因此物业的规划设计、施工、验收等阶段不容忽视,客观上要求物业管理早期介入;其二,前期物业管理,要求"在业主、业主大会选聘物业服务企业之前,由建设单位选聘物业服务企业实施物业管理",因而物业管理的早期介入和前期管理决定了物业管理招标投标具有提前件。

(五)长期性

一般的工程建设项目以及与工程建设有关的主要设备、材料等的采购,所进行的招标投标是一次性的或短期的(如建设工程的上期),而物业管理是一项长期的过程。物业的使用年限是长期的,物业管理也是长期的。在长期管理过程中,物业服务企业可以更换,但物业管理是不能中断的。因此,在物业管理招标投标中,要尽量避免由于更换物业服务企业所带来的不连续性,尽可能保持物业管理各阶段的一致性,从而延长建筑物及设施设备的使用寿命,促使物业保值增值。物业管理招标投标中要考虑物业服务与管理的长期性。

(六)阶段性

物业管理的长期性特点决定了物业管理招标投标具有阶段性。

首先,物业管理的招标投标,有房地产开发公司作为招标人的前期物业管理的招标投标,也有业主大会作为招标人的物业管理的招标投标。其次,由于房地产开发公司或业主大会在不同时期对物业管理有不同的要求,招标文件中的各种管理要求、管理服务费的制定都具有阶段性,过了一段时间,为了适应各种变化有可能需要调整。再次,物业服务企业一旦中标,并不能长期对该物业进行管理,一方面随着物业管理市场竞争的加剧,一定会有更多、更好、更先进的物业服务企业参与竞争;另一方面也可能由于自身的管理服务水平、技术能力等原因满足不了业主或业主大会的需要而退出其物业管理区域。如果过了委托管理期限,可由业主、业主大会根据其管理服务业绩,通过一定程序决定是否续聘原物业服务企业。若续聘则要重新签订合同,若不续聘,则要重新在社会公开招标。当然也可能未到委托管理期,由于原中标的物业服务企业未能很好地履行合同中的责任和义务而遭解聘,由业主、业主大会重新招聘其他物业服务企业。

第二节　物业管理招标投标的基本要求与基本原则

一、物业管理招标投标的基本要求

（一）必须符合相关法律法规的要求

参与招标投标的双方应根据相关法律、法规的规定组织物业管理的招标投标活动，即对招标投标方的资格认定以及招标投标的具体实施程序等，都必须符合相关法律法规的要求，并接受有关部门的监督与管理。物业管理招标投标的法律依据主要有《招标投标法》、《物业管理条例》、《前期物业管理招标投标管理暂行办法》及各地方的相关法规政策规定。

（二）招投标双方均应充分考虑市场要素

在物业管理招标投标过程中，无论是招标方还是投标方都应该充分考虑市场要素。招标方应在充分了解和掌握物业管理市场信息的基础上确定招标方式和招标内容，选择投标企业的范围，决定中标结果，确保招标的顺利实施；投标方应在充分把握招标投标活动的信息与动态变化的前提下，对投标项目的可行性和项目外部环境和条件等方面进行综合评估，策划组织投标活动，确保投标的成功。

（三）招投标双方均应充分考虑自身的条件

招标方应根据项目的实际情况和业主（或物业使用人）的需求，选择最适合项目运作和业主（或物业使用人）需求的物业服务企业及服务；对投标方而言，不仅要依据项目的实际情况和业主（或物业使用人）的需求制订符合项目要求的物业管理模式和运作方案，还应充分考虑项目运作实施过程中潜在的风险，在投标策略方面也应该结合项目特点与企业自身的条件组织投标活动。

（四）明确招投标的相关程序和时间安排

按照国际惯例和相关法律法规的要求，应明确招标投标的相关程序和时间安排，确保招标投标活动顺利实施。例如，组成评标委员会的专家必须从政府专家库中抽取；招标人在发布招标公告或投标邀请书的10日内必须提交与招标项目和招标活动有关的资料，向项目所在地的县级以上地方人民政府房地产行政主管部门备案等。

二、物业管理招标投标的基本原则

招标投标行为是市场经济的产物，并随着市场的发展而发展，它必须遵循市场经济活动的基本原则。各国立法及国际惯例都有明确规定。我国《招标投标法》明文规定："招标投标活动应当遵循公开、公平、公正和诚实信用的原则。"

招标投标的基本原则是公开、公平、公正、诚实、信用。如果物业管理招投标方都能遵循此原则操作，对选用合适伙伴、规范物业管理行业市场、达到物业管理行业优胜劣汰的目的有着积极的意义。但如果违背了上述原则，则将影响物业管理招投标活动的健康发展。所以物业管理招标必须贯彻"公平、公正、合理"的原则，物业管理招标本身的目的和出发点便是通过一场竞争性招标，从中找到自己最理想的物业服务企业。由于招标与投标所涉及的行业领域一般都是买方市场，在买方市场中，市场竞争是一种对买方（招标人）有利的竞争，在合理的范围内竞争程度越高，对买方越有利。因此，扩大竞争范围可以使买方即招标人获得更充分的市场利益。所以，房地产开发商或业主要想在竞争性招标中获取充分利益，就应吸引尽可能多的物业服务企业投标。而要做到这一点，除了一方面增加标的项目自身的吸引力之外，另一方面就是对所有参加投标者尽可能地做到公平、公正、合理。

（一）公开原则

所谓公开原则，就是说如果物业管理招投标定为公开招标，就必须按公开原则，召开新闻发布会，在报刊、电台、电视上公开登出招标公告，把所需要达到的服务要求与条件公开告诉一切想投标的物业服务企业。

目前，物业管理招投标中存在着暗箱操作的现象。一些招标方为了能让与自己有利益关系的企业中标，不惜泄露标底或干脆直接内定好中标企业即"围标"，严重破坏了物业管理竞争的"公平"和"公正"。可见，"公开"原则是保证"公平"和"公正"的前提条件。物业管理招投标要实现"公开"原则必须做到以下两点。

1. 整个招投标过程公开化

整个招投标过程包括招标、投标、评标和决标等，每一个程序都应该公开化。比如招标方在招标时应该在正规媒体如报纸、电视、网络上予以公告，明确招标要求、时间、地点和方式等，并在相关部门备案；而在评标过程中应将评标标准、评标方式都公开化，同时还要将评标分数和评语公开，让参加的企业既知道自己企业情况，也知道其他企业的情况，以保证评标的公平、公正。

2. 交易条件公开化

交易条件主要包括价格、管理方案、附加条件等。比如价格的公开化是指企业在遵循公平竞争的原则下根据物业项目实际情况确定的报价并予以公布，其目的是为了避免个别企业以低于成本的价格恶意竞争的现象。总之，将交易条件公开化有助于建立透明、公开、公正的招投标制度。

（二）公平原则

所谓"公平"是指经济主体在权利、义务、法律等各方面具有平等地位和资格，它强调的是多个个体之间的"机会均等性"，物业管理招投标的公平原则，就是指在招标文件向所有物业服务企业提出的投标条件都是一致的，即所有参加投标者都必须在相同的基础上投标。由公平原则的概念可以看出，公平原则的关键是要体现出投标的起点公平。要做到起点公平，在招标过程中应当注意以下几点。

1. 采用统一的招标方式招标

目前物业管理招标的方式主要有公开招标和邀请式招标和议标，由于后两种方式是由招标人自己选定一定数量的合格投标人，带有很大的主观性，很自然地就降低了对这些投标人审查的要求，如果与此同时对其他投标人又实行公开招标，进行严格的资料审查，那么这种混合的招标方式在一开始就违背了起点公平的原则。如果在采用公开招标的同时，招标人又邀请几家其主观上看好的物业服务企业进行议标，就会使得那些参加议标的物业服务企业比其他通过公开招标取得招标文件的投标人先了解招标项目的具体情况，甚至抢先一步摸清了招标人的"底牌"。这就使得招标程序在时间上违背了起点公平原则。综上所述，招标人应采取统一的招标方式，即采取单一的公开招标，或邀请招标，或议标。

2. 招标文件对所有的投标人要求都要一致，即要做到"一视同仁"

首先，实行公开招标的招标文件应在同一时间、地点公开发售，并且之前要在招标通告中标明。其次，全部招标文件的条件、要求均应一致。例如，若需要进行资质审查，那么所有的物业服务企业都应要求进行审查；若需要有投标保证书的，那么对所有的物业服务企业都应有这一要求。

3. 招标文件的解释说明应同时公开进行

招标人对招标文件的解释说明应在同一时间，针对所有参加投标的物业服务企业公开进行。例如，应在统一时间组织所有投标人对招标的物业实地考察。另外，招标机构通常在投标人购买招标文件后安排一次投标人会议，即标前会议，目的是公开澄清投标人提出的各类问题。再如，我国《招标投标法》规定，招标人对已发出的招标文件进行必要的澄清或者修改的，应当在招标文件中要求提交投标文件的截止时间至15日前，以书面形式通知所有招标文件收受人。

（三）公正原则

"公正"与"私、偏"相对，本是指处理人际关系时的一种客观道德法则，引入到经济学当中就是指处理经济关系时的一种客观法则。物业管理招投标的公正原则，是指投标评审的准则是衡量所有投标书的尺度，即是在所有投标人起点公平的基础上，在整个投标评定中所使用的准则应具有一贯性和客观性。

1. 一贯性

一贯性是指招标人在实施投标评定过程中所采用的评标准则，应与招标人预先在招标文件中所注明的评判准则相一致。也就是投标前后，其评判准则是一致的，公开的。任何招标人私自修改已经在招标文件中公布的评判准则都属违背招标惯例的行为。例如，某物业管理招标文件中已注明对投标人资格审查的准则行为，根据已知的最低标准取最低得分标准以上的投标人进行正式投标。根据该准则进行评审后在没定最低分以上的投标人共有12位。这时，招标人考虑到合格的投标人数量过多，为厂减轻招标工作量，招标人私下将评定准则修改为取得最高公分的6位投标人参加正式投标，导致其余的6位本来可以取得的投标资格的投标人被淘汰。这是一个很典型的违反了前后一贯原则的例子。

2. 客观性

客观性是指用于投标评定的准则，应该具有客观性，即能客观地衡量所有的投标书。这就要求所采用的评定准则应具有很强的综合性。根据国际惯例，一般在评标时采用综合打分法，打分法最大的优点是通过采用专家打分，加权计分的科学办法，防止拍脑袋的武断行为出现。另外，为表明评定准则的客观性，还可对中标者的最后选定，在招标文件的选定准则中加以客观的详细说明，使不中标者明白自己的差距与不足，以示公正。

（四）合理原则

所谓合理原则，是指在最后选择投标单位时，其确定的服务项目和收费价格必须合理，既不能接受低于正常管理服务成本的报价，也不能脱离实际市场情况，提出不切实际的管理服务要求。

为了贯彻合理原则，招标人应当在招标文件中按照国际惯例，申明"业主不约束自己接受最低标价"这一条。即开标后，开发商或业主有权选择任何价格的投标书，而不一定是最低标价。有了这样的申明，招标者便可以选择管理费合理且资信条件较为可靠的物业服务企业。

第三节　物业管理招投标的发展趋势

物业管理招投标体现出以下发展趋势。

一、法制化

建立完善的物业管理招投标法律法规体系，通过运用法律手段加强物业管理招投标市场的管理监督，规范招投标行为，杜绝招投标过程中的欺诈、舞弊、腐败等现象，是我国物业管理招投标市场发展的重要趋势之一。如今，各大城市的物业管理招投标办法相继出台，为今后物业管理招投标市场监督管理机制的建立奠定了良好的基础。

二、市场化

在法制化的基础上，政府将加强对物业管理招投标市场的监督管理，减少对招投标活动的干预，逐步建立物业管理招投标市场交易规则，不断完善市场竞争机制，减少交易费用，消除交易过程中的混乱和欺骗行为，防止不正当竞争，确保招投标双方的正当权益，是物业管理招投标市场发展的必然趋势。

三、科学化

随着我国物业管理招投标市场的不断成熟，在招投标的过程中逐渐形成科学化的发展趋势，运用科学的方法、先进的技术来规范和支持招投标活动的每一个环节和程序，使招标过程规范有序，中标结果客观公正，招标活动经济高效。

四、公开化

实行交易行为公开化，提高物业管理招投标市场的透明度，是我国招投标市场的另一大趋势。一方面，越来越多的业主或房地产开发商开始注重选择公开招标的方式，另一方面在选择邀请招标的方式中，对招投标过程和相关信息的公开化程度也在不断提高。无论是公开招标还是邀请招标，对信息的公开和招标程序的公开无疑大大增加了招投标结果的公平性、公正性和合法性。

五、专业化

委托专业的招标代理机构组织招投标活动是国际惯例，目前在我国物业管理招投标市场上开始盛行这一做法的，主要是一些政府物业、重点基础设施、公用事业和大型商业物业等项目的招投标。由于专业招标代理机构具备较强的专业水平、广泛的市场信息和丰富的招投标操作经验，一些业主大会为提高招投标工作的效率和质量，也聘请专业的招标代理机构组织招投标，使我国招投标市场发展逐渐向专业化的趋势发展。

复习思考题

1. 什么是物业管理招标？什么是物业管理投标？
2. 物业管理招标投标的特点有哪些？
3. 物业管理招标投标有哪些基本要求与基本原则？
4. 物业管理招标投标表现出哪些发展趋势？

第三章

物业管理招标的范围方式和内容

第一节 物业管理招标的范围

招标的范围是指哪些项目必须要招标，哪些项目可以招标也可以通过其他方式指定承包商，哪些项目不适于招标。

由于我国的物业管理招标事业起步较晚，到目前为此，关于物业管理招标投标的具体法规和条文尚未出台。另外，对于招标范围的规定，《招标投标法》也只限于对工程建设和货物采购招标的范围做出规定。因此，从严格意义上讲，物业管理招标的范围在我国尚未从法律上界定，即法律没有规定，在我国哪些项目其物业管理必须要实行招标，哪些不适于招标。

然而，《招标投标法》对招标范围的规定所体现的精神参照了国际惯例，具有普遍性；同时，针对目前在我国刚兴起不久的物业管理招标投标的大多数做法都与"三原则"不谋而合，所以，"三原则"是我国物业管理招标范围发展的方向和趋势，用它来指导界定物业管理招标范围具有合理性和现实意义。

一、《招标投标法》对招标范围的规定

《招标投标法》第三条规定："在中华人民共和国境内进行下列工程建设项目包括项目的勘察、设计、施工、监理以及与工程建设有关的重要设备、材料等的采购，必须进行招标：（1）大型基础设施、公用事业等关系社会公共利益、公众安全的项目；（2）全部或者部分使用国有资金投资或者国家融资的项目；（3）使用国际组织或者外国政府贷款、援助资金的项目。前款所列项目的具体范围和规模标准，由国务院发展计划部门会同国务院有关部门制定，报国务院批准。法律或者国务院对必须进行招标的其他项目的范围有规定的，依照其规定。"

可以看出，《招标投标法》中规定的强制招标范围，主要着眼于"工程建设项目"，而且是工程建设项目全过程的招标，包括从勘察、设计、施工、监理到设备、材料的采购。工程勘察，指为查明工程项目建设地点的地形地貌、土层土质、岩性、地质构造、水文条件和各种自然地质现象而进行的测量、测绘、测试、观察、地质调查、勘探、试验、鉴定、研究和综合评价工作。工程设计，指在正式施工之前进行的初步设计和施工图设计以及在技术而又缺乏经验的项目中所进行的技术设计。工程施工，指按照设计的规格和要求建造建筑物的活动。工程监理，指业主聘请监理单位，对项目的建设活动进行咨询、顾问、监督，并将业主与第三方为实施项目建设所签订的各类合同履行过程，交予其负责管理，法律之所以将工程建设项目作为强制招标的重点，是因为当前工程建设领域发生的问题较多，在人民群众中产生了很坏的影响。其中，很重要的一个原因，就是招标投标推行不力、程序不规范，由此滋生了大量的腐败行为。据有关部门调查，在工程建设项目中，勘察、设计、监理单位的选择采取指定方式占有相当高的比例；设备、材料采购中只有部分进行了招标，其余均由业主或承包商直接采购；施工环节虽然大部分采取了招投标的形式，但许

多未严格按"公开、公平、公正"原则进行。因此，实行规范化的招标投标制度，是十分迫切的。从1998年开始，国家加大投资力度，加快基础设施建设，以此拉动国民经济持续增长。在这种形势下，提高资金使用效益，确保工程质量，更成为当务之急。因此，制定《招标投标法》，将工程建设项目纳入必须范围，是大势所趋。基于资金来源和项目性质方面的考虑，法律将强制招标的项目界定为以下几项。

（一）大型基础设施、公用事业等关系社会公共利益、公众安全的项目

这是针对项目性质做出的规定。通常来说，所谓基础设施，是指为国民经济生产过程提供基本条件，可分为生产性基础设施和社会性基础设施。前者指直接为国民经济生产过程提供的设施，后者指间接为国民经济生产过程提供的设施。基础设施通常包括能源、交通运输、邮电通信、水利、城市设施、环境与资源保护设施等。所谓公用事业，是指为适应生产和生活需要而提供的具有公共用途的服务，如供水、供电、供热、供气、科技、教育、文化、体育、卫生、社会福利等。从世界各国的情况看，由于大型基础设施和公用事业项目投资金额大、建设周期长，基本上以国家投资为主，特别是公用事业项目，国家投资更是占了绝对比重。从项目性质上说，基础设施和公用事业项目大多关系社会公共利益和公众安全，为了保证项目质量，保护公民的生命财产安全，各国政府普遍要求进行招标并制定了相关的法律。即使是私人投资于这些领域，也不例外。

（二）全部或部分使用国有资金投资或者国家融资的项目

这是针对资金来源做出的规定。国有资金，是指国家财政性资金（包括预算内资金和预算外资金），国家机关、国有企事业单位的自有资金。其中，国有企业是指人民所有制企业、国有独资公司及国有控股企业，国有控股企业包括国有资本占企业资本总额50%以上的企业以及虽不足50%但国有资产投资者实质上拥有控制权的企业。全部或部分使用国有资金投资的项目，是指一切使用国有资金（不论其在总投资中所占比例大小）进行的建设项目。国家融资的建设项目，是指使用国家通过对内发行政府债券或向外国政府及国际金融机构举借主权外债所筹资金进行的建设项目。这些以国家信用为担保筹集，由政府统一筹措、安排、使用、偿还的资金也应视为国有资金。

（三）使用国际组织或者外国政府贷款、援助资金的项目

如前所述，这类项目必须招标，是世界银行等国际金融组织和外国政府所普遍要求的。我国在与这些国际组织或外国政府签订的双边协议中，也对这一要求给予了认可。另外，这些贷款大多属于国家的主权债务，由政府统借统还，在性质上应视同为国有资金投资。从我国目前的情况看，使用国际组织或外国政府贷款进行的项目主要有世界银行、亚洲开发银行、日本海外经济协力基金等，基本上用于基础设施和公用事业项目。基于上述原因，《招标投标法》将这类项目列入强制招标的范围。

需要指出的是，上述三类项目只是一个大的、概括的范围。项目的具体范围和规模标准，即投资额多大的项目需要招标，何种性质的工程需要招标，采购额多大的设备、材料需要招标，什么品种上的设备、材料需要招标，由国务院发展计划部门会同国务院有关部门制定，报国务院批准后发文公布施行。

（四）法律或者国务院规定的其他必须招标的项目

随着招标投标制度的逐步建立和推行，我国实行招投标的领域不断拓宽，强制招标的范围还将根据实际需要进行调整。因此，除《招标投标法》外，其他法律和国务院对必须招标的项目有规定的，也应纳入强制招标的范围。

对于不适于招标的项目，国家有关法律也做了规定，主要是一些关系到国家安全和属于军事机密的项目，这些项目一般都不公开招标。这是因为：① 公开发布的招标文件中有可能涉及与国家安全或军事有关的机密；② 一些不法分子有可能会借投标之名，趁机窃取国家机密。因此，对于这类项目，一般由国家指定的工程单位和物业管理单位进行建设和管理。

综上所述，根据国家有关法律的规定和精神，判断某项目是否应该实行招标应遵循三个原则：① 是否与社会公众利益密切相关；② 是否关系到国家利益（即是否使用了国有资金投资）；③ 是否涉及国家安全或军事机密。以上三个原则同样也体现了国际招标惯例，具有普遍性。物业管理招标投标同属招标投标的一部分，理应遵守《招标投标法》的规定，因此，这三个原则也同样适用于界定物业管理招标的范围。

二、物业管理招标范围

（一）根据"是否与社会公众利益密切相关"的原则

大型基础设施（如机场、火车站、地铁等）和一些公用物业（如图书馆等）其物业管理都应实行招标。由于这些物业所承载的人流量巨大，其物业管理好坏直接关系到公众的利益，甚至人身安全，因此，这些项目的物业管理一般都应实行招标。事实上，对于这类项目，往往从项目的勘察、设计、施工开始就已经实行了全套的招标，物业管理招标不过是其中的一部分而已。另外，对于一些大型的物业小区也应该实行物业管理招标。因为，对于生活着数万居民甚至10万居民以上的大型楼盘和小区来说，无疑是一个"小社会"，其管理好坏，居住是否安全、舒适，是直接关系到千千万万居民切身利益的，其社会影响力丝毫不亚于一个飞机场或一座火车站。因此根据第一个原则，该类楼盘的物业管理也属于应该招标甚至必须要招标的范围。

（二）根据"是否关系到国家利益"的原则

除了上述大型的基础设施和公用物业外，其他使用国有资金投资或国家融资建造的公用物业，其物业管理一般也应实行招标。这是因为国家利益是社会公众利益的代表，损害国家利益就等于损害社会公众的利益，因此应对国家利益负责。近几年来，一些由国家专项投资或专项贷款，特别是与外国联合贷款兴建的物业从设计施工到物业管理都采用了招标方式，并取得了良好的效果。

（三）根据"是否涉及国家安全或军事机密"的原则

一些由国家投资兴建的用作军事和行政用途的物业，就不适合采用公开招标方式，例如国家政府部门和机要部门的办公大楼等。事实上，这一类物业都有国家专门指定的单位对其进行物业维护和管理。

对于那些在《招标投标法》中没有规定的，可以实行也可以不实行物业管理招标的项目，在实际操作中，主要取决于房地产开发商和业主委员会的意见。不过，随着业主对物业管理的要求不断提高和业主自主管理制的广泛应用，物业管理招标的范围将会不断扩大。

第二节　物业管理招标的内容

物业管理的具体内容十分烦琐，因此，物业管理招标通常都采用"一揽子"方式，也就是将所有与某物业有关的管理项目"捆绑"起来，形成"项目包"，再将其作为标的进行招标。另外，从纵向来看，由于物业管理具有超前介入的特点，物业管理的内容应包括从开发设计期间到物业竣工验收前的管理顾问服务以至到用户入住后的管理运作服务。一般来说，几乎所有的物业管理内容都可以进行招标，但并非所有的物业管理内容都适合招标。这是因为，"一揽子"的物业管理招标方式，使得"项目包"中的内容均可以一定的标准进行统一衡量，形成一个总价，以便于招标人进行评价。而有些物业管理内容，既不能以价格将其统一，又难以用打分法评价其得分高低。对于这些服务内容，一般就不被纳入招标的内容。这些物业管理内容主要是一些衍生的优化性服务，例如小区内的精神文明建设、办公楼的市场形象塑造等，由于这些内容所花费的工作量以及所产生的效果均难以计量，通常不列入物业管理招标的内容。简单地说，物业管理招标的内容主要包括两部分，即前期顾问服务和实质管理服务。根据物业性质的不同，这两部分的内容也不同，具体可分为非经营性物业管理招标内容和经营性物业管理招标内容。

一、非经营性物业管理招标的内容

非经营性物业是指住宅小区等主要以居住为目的的物业。非经营性物业管理的目标在于为居民创造一个安全、舒适、优美的居住环境，因此，非经营性物业管理招标的目的在于以经济合理的价格为住户提供良好的居住环境。

非经营性物业管理招标的内容如前所述分为前期顾问服务和实质管理服务两个部分，

各部分的具体服务内容如下所述。

（一）前期顾问服务内容

1. 开发设计建设期间提供的管理顾问服务

由于物业具有不可移动性，一旦建成则很难改变，因此物业的开发设计和施工是至关重要的。如果在开发设计阶段没有考虑到以后物业管理的问题，那么日后这些疏忽往往会成为物业管理的难题。例如，某些物业没有安排必要的管理用房、园林绿地、交通空间等，给日后物业管理带来了很大的问题。因此，在开发设计建设阶段引入物业服务企业的管理顾问服务是十分必要的。具体的服务内容有下面几项：

（1）对投标物业的设计图提供专业意见；

（2）对投标物业的设施配备及建筑材料选用提供专业意见；

（3）对投标物业的建筑施工提供专业意见并进行监督；

（4）提出本投标物业的特别管理建议。

2. 物业竣工验收前的管理顾问服务

物业竣工验收前的管理顾问服务主要有下面两种。

（1）制订员工培训计划。对于不同类型的物业小区，物业管理员工如果要做到服务细心、熟练、周到，必须要经过物业服务企业的专门培训。

（2）列出财务预算方案。编列财务预算方案的目的在于体现保本微利、量入为出的物业管理原则，另外也为物业管理所需的第一笔启动资金的筹集提供依据。

3. 住户入住及装修期间的管理顾问服务

住户入住及装修期间的管理顾问服务主要有下面三种：

（1）住户入住办理移交手续的管理服务；

（2）住户装修工程及材料运送的管理服务；

（3）迁入与安全管理服务。

前期顾问服务主要是应房地产开发商的要求为其提供的，所需费用也通常向房地产开发商而非小业主收取。

（二）实质管理服务内容

住户入住后的实质管理服务是直接与住户日常生活密切相关的，具体内容包括：

（1）物业管理的人力安排，即根据物业管理的工作量安排物业管理人员，以达到既经济又高效地进行物业管理工作；

（2）保安服务；

（3）清洁服务；

（4）房屋及设施的维修保养服务；
（5）财务管理服务；
（6）绿化园艺管理服务；
（7）其他管理服务，例如车辆管理及上门特约服务等。

由于实质管理服务与小业主的利益关系最密切，其物业管理费也主要向小业主收取，因此这部分服务内容招标时，应选择服务周到、服务质量高且价格合理的物业服务企业。

二、经营性物业管理招标的内容

经营性物业是指以经营性房屋为主体的物业，例如酒店、写字楼、零售商业中心、工业厂房、货仓等。

经营性物业最重要的特点就是具有商业特性，即房地产开发商的目的在于从经营性物业所获得的利润最大化。因此经营性物业管理的一个主要目标便是利润目标，即物业服务企业通过有效的经营管理服务，充分合理、最大限度地发挥物业功能，提高物业出租率、出售率及营业收入，促使物业保值增值，提高租金收入，从而满足委托方的盈利目标要求。

经营性物业的这一特性使物业管理超越了原有的交换式劳动范畴，成为一种创造性的附加劳动。因为在经营性物业出租后，由于物业管理的追加，而使物业的使用期限和使用功能大大提高，也会招引更多的租户和顾客，从而提高物业的营业收入，创造更多的价值。这时，物业管理就成为了凝结在物业价值中的物化劳动，是一种可资本化的劳动，能够创造新的价值。

经营性物业管理招标的内容同样分为前期顾问服务和实质管理服务。经营性物业管理的前期顾问服务内容与之前介绍的非经营性物业管理的前期顾问服务大致相同。不过，物业服务企业在经营性物业竣工验收前新增的一项重要服务内容便是代房地产开发商制订物业的租金方案和租赁策略以及进行广告招租宣传，最大限度地提高该物业出租率，增加租金收入。这正是经营性物业商业性的体现。而在实质管理服务中，经营性和非经营性物业管理的内容也大致相同，例如同样有保安、清洁、绿化和房屋设备维护等基本项目。但有所不同的是，经营性物业管理的服务是一种创造性的附加劳动，其管理目的不是维持物业的基本使用功能，而是不断保持物业使用功能上的先进性，因此经营性物业服务企业除了要经常对物业进行高标准的维护之外，还要经常更新物业的设施和使用功能，以保持物业设施的先进。另外，经营性物业的实质管理服务还应增加租赁管理服务的内容等。

综上所述，无论是非经营性物业，还是经营性物业，其招标的内容都主要分为前期顾问服务和实质管理服务。由于这两种服务的性质不同，因此在招标中的规定也不同。前期顾问服务方案的好坏对整个物业的价值至关重要，而顾问服务的工作量又难以进行定编计算，因此在评标时，应该主要侧重于对顾问服务方案的评价。与之相对的实质管理服务，由于服务内容已逐渐标准化，易于定编计算工作量，因此在评标时对于这部分的内容，应将报价作为主要考虑因素。

第三节 物业管理招标的方式

物业管理招标的方式按不同的划分标准有不同的分类。

一、按物业管理服务的范围分类

（一）常规性的物业管理招标

常规性的物业管理招标指以居住型、非收益性物业及所属的设备、设施、周围场地等维修、保养管理等为主要内容的物业管理招标活动。这类招标活动着重于常规性管理服务。以便为业主及使用人提供良好的生活和活动环境。

（二）经营性的物业管理招标

经营性的物业管理招标指各类经营性管理服务的招标，例如办公楼、商务楼、宾馆、度假村等各类收益性物业。这一类的物业价值比较高，管理服务的标准也比较高。居住型物业除了常规性管理服务项目外，还增加代理经租、代办营销等项目。

经营性物业管理服务招标的内容与范围大于常规性物业管理招标。

二、按物业管理招标项目分类

（一）全方位物业管理招标

全方位物业管理招标也称全项目物业管理招标，包括对建筑物本体及附属的设备、设施的日常维修管理，环境的清扫保洁、绿化、安保服务以及代理经租等综合性物业管理内容为目标的招标活动。招标单位可把其中的一项内容委托给某一专业公司，或把所有的项目委托给某一具有较完备的管理服务体系的物业服务企业经管。

（二）单项目物业管理招标

单项目物业管理招标是针对物业综合管理服务中的某一事项，例如电梯和水泵的保养、安保、楼宇清扫、绿化等项目，由业主委员会或物业服务企业向社会上招聘专业对口的服务公司担任此项工作的服务和管理。其特点是专业化程度高，管理质量好并且可以通过规模经营提高效益。

三、按物业管理招标的主体分类

（一）前期物业管理招标

前期物业管理招标指物业竣工交付使用起至业主委员会成立前由房地产开发商主持的

物业管理招标方式。前期物业管理一般到业主委员会成立为止。业主委员会成立后如想继续聘用原物业服务企业管理，应签订续聘委托管理合同，或者重新聘用物业服务企业，这样，物业管理就转入经常性管理阶段。

（二）经常性物业管理招标

经常性物业管理招标指由前期物业管理转入经常性物业管理，由业主委员会主持的物业管理招标方式。该方式的特点是：物业管理进入业主自治管理及相对稳定状态，投标单位如想在市场竞争中获胜，必须从长远目标出发，制定高效优质的经营方针，参与投标，以获取长远利益。

（三）委托咨询型物业管理招标

无论是房地产开发商还是业主委员会，都可以通过委托专业的咨询中介服务机构代理物业管理招标。此种方式能提高物业管理招投标活动的质量，选择那些管理服务优良的物业服务企业及专业公司进行管理。这种方式虽然增加了物业管理招标的中介服务费用，但是却能为招标方，特别是业主委员会提高招标工作的质量，选聘到合适服务对象。

四、按招标对象的广度分类

根据招标项目不同的特点，招标人有权选择不同的方式进行招标。现行国际市场上通用的物业管理招标方式大致可分为四种：公开招标、邀请招标、议标和无标底两步招标。但我国自2000年1月1日施行的《招标投标法》只把招标方式分为公开招标和邀请招标两种，没有将议标纳入。然而，考虑到物业管理招标在我国刚刚起步，议标作为一种简单、便捷的方式目前仍被我国大多数房地产开发商所采用，对我国的物业管理招标投标事业有着一定影响，按照国际惯例仍将议标和无标底两步招标作为物业管理招标的两种方式。

（一）公开招标

公开招标是指招标人（业主或房地产开发商）通过报纸、电视及其他新闻渠道公开发布招标通知，邀请所有愿意参加投标的物业服务企业参加投标的招标方式。公开招标最大的特点是招标人以招标公告的方式邀请不特定的法人或者其他组织投标。

公开招标是国际上最常见的招标方式，其优点是最大程度地体现了招标的公平、公正、合理原则，因此，我国大型基础设施和公共物业的物业管理一般都采用公开招标方式。需指出的是，由于物业管理具有长期性和区域性的特点，因此，除国家级重点项目（如三峡工程）以外，对于地方性的重点项目（如地方的大型基础设施和物业）一般都采用地方公开招标方式招标。地方公开招标，就是指通过在地方媒体刊登招标广告或在招标广告中注明只选择本地投标人进行投标。由于物业管理自身的特点，对于一些不可能也不适宜吸引全国各地物业服务企业的项目，通过地方公开招标，既节省了招标人的招标成本，又不影响公开招标的公平性和有效性，不失为一种较为经济有效的招标方法。

公开招标方式要求招标人严格遵守公平、公正、合理的招标原则，这具体体现在：

（1）在公开招标中，招标方首先应依法发布招标公告。凡愿意参加投标的单位，可以按通告中指明的地址领取或购买较详细的介绍资料和资格预审表，并将资格预审表填好后寄送给招标单位。招标单位对所有申请资格预审的单位进行审查，经审查合格者可向招标单位购买招标文件，参加投标。

（2）公开招标方的招标文件必须规定开标日期、时间和地点。开标必须在招标机构的所有决策人员和投标人在场的情况下当众进行。开标后，出席开标的招标机构所有决策人员应在各投标单位的每份标书的报价总表上签字，这意味着所有报价从即时起到授标前均不得更改。另外，按照国际惯例，标书应规定不允许更改的技术要求与财务条件，任何投标单位都必须按这些条件投标报价。这些条件只有在开标后的议标阶段才可商谈更改。

（3）在实行公开招标时，评审标书和报价都是在严格保密中进行的。评标时，招标机构可以要求投标人回答或澄清其标书中的某些含糊不清的问题，但无权要求或接受投标人调整价格。一般而言，公开招标项目合同应授予报价最低者，但在以下情况可另作考虑：① 招标文件中另有规定；② 投标文件违反有关国际惯例或招标文件的有关规定；③ 最低报价明显不合理。

实行公开招标，可以使投标人充分获得市场竞争的利益，同时又实现了公平竞争，大大减少了偷工减料的舞弊现象，是最系统、最完整和规范性最好的招标方式，因而成为其他招标方式主要的参照对象。不过，公开招标方式也有招标时间长、招标成本较高的不足之处。

（二）邀请招标

邀请招标是指不公开刊登广告而直接邀请某些单位投标的招标方式，其主要特点是以投标邀请书的方式邀请特定的法人或者其他组织投标。

邀请招标主要适用于标的规模较小（即工作量不大，总管理费报价不高）的物业管理项目。由于公开招标方式工作量大、招标时间长、费用高，邀请招标有的地方弥补了公开招标方式的不足，成为公开招标不可缺少的补充方式，并由于其具有节省招标时间和成本的优点，深受一些私营业主和房地产开发商的欢迎。目前，邀请招标方式在物业管理招标中亦颇受欢迎，特别为一些实力雄厚、信誉较高的老牌房地产开发商所经常采用。究其原因，首先，由于物业管理具有地域性的特点，房地产开发商主要在当地选择投标单位，而当地的投标人数量本身就不大；其次，由于房地产开发商的市场经验较丰富，能及时掌握各类物业服务企业的经营情况和服务质量情况，使其有能力挑选出一批素质上乘的物业服务企业参加投标，既节省了成本，又不失效果。

邀请招标在"省时省钱"的优点十分鲜明的同时，其缺点也十分突出。由于邀请招标是由招标人预先选择了投标人，因此可选择范围无疑就缩小了，这容易诱使投标人之间产生不合理竞争，容易造成招标人和投标人的作弊现象。因此，邀请招标是否成功最关键的问题就是在选择范围缩小的情况下，如何防止不合理竞争和作弊行为。我国《招标投标法》对邀请招标方式有明确规定："招标人采用邀请招标方式的，应当向三个以上具备承担招标项目的能力、资信良好的特定的法人或者其他组织发出投标邀请书。"该规定就是为了防止投标过少而导致投标人相互勾结，哄抬标价，损害招标人的利益。另外，笔者建议招标人在挑选投标人时可参考以下的选择条件：① 投标单位当前和过去的财务状况必须良好；② 近期内承担过类似的物业管理工作，具有丰富的经验；③ 在本地区具有较高的信誉；④ 对该项目的物业管理工作有足够的能力承担。可以看出，招标人只有对投标人在数量上和质量上进行合理的筛选，才能确保邀请招标的最终成功。当然，再好的筛选，也有可能遗漏一些合格的、有竞争力的物业服务企业；另外，在评标中可能会歧视某些投标人等。尽管如此，邀请招标仍作为一种重要的招标方式被广泛使用。

（三）议标

议标又称谈判招标，是指房地产开发商或业主不必公开发布招标公告，而是选择其认为有能力承担或获标的物业服务企业，邀请其投标，然后通过平等协商，最终达成协议。议标实质上可以看做是更小范围的邀请招标。

议标目前在我国中小规模的物业管理招标项目中较为常见。这是因为，一方面，该类物业的工期较紧，标的总价较低，短时间内难以吸引足够数量的物业管理单位进行投标。事实上该类项目（也就是我们常见的中小楼盘和物业）很少是实行超前招标，让物业服务企业介入其设计施工阶段的，大多数情况是房地产开发商等物业完工后才去选择物业服务企业。由于这时工期紧，房地产开发商往往采用议标方式，同时找几家物业服务企业到现场考察，然后同时进行谈判协商，最终选定符合要求的物业服务企业。另一方面，房地产开发商本身对物业服务企业的情况较为了解，且所需管理的物业技术性和专业性不强，对管理的要求不是非常严格。此时，在投标人竞争范围缩小的情况下，并不影响物业管理服务的质量。因此，议标方式常常更适合经验丰富的房地产开发商所采用，业主委员会也可通过委托招标机构采用议标方式进行招标。

议标最大的特点在于招标人与投标人之间可以相互协商，投标人通过不断地修改标价来与招标人取得一致。这种方式更加接近传统的商务方式，是招标方式与传统商务方式的结合，兼顾两者的优点，既节省了时间和招标成本，又可以获取有竞争力的标价。然而，有利就有弊。由于招标人同时与几个投标人进行谈判，这就使投标人之间更容易产生不合理竞争，使得招标人难以获取有竞争力的标价。可以看出，议标方式对招标人的要求很高，要保证议标的成功通常都要求招标人对物业管理行业和物业服务企业的情况要有充分的了解。因此，一般对于较大型的或较复杂的物业，或者是由缺乏经验的房地产开发商和业主自行进行招标的情况，都不宜采用议标方式。而对于复杂的传统招标项目，如工程承包和设备采购等，就更不采用议标方式了，这也是为什么我国《招标投标法》不将议标作为一种招标方式的原因。然而，议标在我国新兴的物业管理招标中却有着用武之地，尤其是针对广大的中小房地产开发商，议标为物业管理招标投标事业在我国的发展壮大起到了先锋作用。因此，如何规范和完善议标的法律地位，是一个值得研究的问题。

（四）无标底两步招标

无标底两步招标法，是参照国际服务行业中常用的两步法招标演变而来的一种新型招投标方式。所谓无标底，就是招标单位并不明确管理服务收费标准的标底，只按照当地政府对物业管理收费的标准给出一个收费范围，以符合住宅小区（大厦）服务定位、保证服务质量优良、收费合理、两次竞争，这就是常说的两步招标法。

无标底两步招标具体操作程序分两步进行：第一次开标是进行管理服务质量的比较，由各物业服务企业根据目标物业的定位，制订出管理服务策划方案，由有关专家组成的评标组针对这一策划方案进行打分评定，选出优胜者，从中确定3～4家企业进行第二轮角逐。第二次开标是开管理服务收费的价格标，并结合企业的现场答辩情况进行综合评分。对价格的确定方法，应事先在招标文件中明确，通常有三种做法：一是以收费报价最低标准为中标者；二是取进入第二轮的3～4家物业服务企业所报的收费标准的平均数为标底，谁报价最接近谁就为中标者；三是由上述3～4家物业服务企业所报的收费标准的平均数及业主委员会（房地产开发商）确定的一个价位数，取两者的平均值作标底，谁报价接近这个标底谁就中标。当然为了全面考虑各物业服务企业的实力，在二次评标过程中，可结合企业的综合情况、现场答辩进行综合打分，最终确定分数最高者为中标者。

复习思考题

1. 物业管理招标的范围有哪些？
2. 非经营性物业管理招标的内容有哪些？
3. 经营性物业管理招标的内容有哪些？
4. 物业管理招标的方式按不同的划分标准有哪些分类？

第四章

物业管理投标的策划与组织

第一节　物业管理投标的条件和程序

一、物业管理投标的条件

《招标投标法》规定：投标人是响应招标、参加投标竞争的法人或者其他组织。投标人应当具备承担招标项目的能力；国家有关规定对投标人资格条件或者招标文件对投标人资格条件有规定的，投标人应当具备规定的资格条件。投标人应当按照招标文件的要求编制投标文件。《前期物业管理招标投标管理暂行办法》规定：投标人是指响应前期物业管理招标、参与投标竞争的物业服务企业。投标人应当具有相应的物业服务企业资质和招标文件要求的其他条件。从以上规定可以看出，物业服务企业参加物业管理投标活动应具备以下几个条件。

（一）响应招标、参加投标竞争的物业服务企业必须是具有承担项目能力的法人组织

在国内从事投标业务，必须到工商行政管理部门办理登记手续，取得工商行政管理部门所颁发的《企业法人营业执照》，取得合法经营资格。

（二）参与物业管理投标的投标人应是具有相应资质的物业服务企业

国家对从事物业管理活动的企业实行资质管理制度，从业资格是物业服务企业从事正常营业活动所必须具备的条件，也是物业服务企业参与投标前必须首先考虑的基本因素，必须具备政府行业主管部门核准颁发的《物业服务企业资质证书》。由于物业项目的规模、性质、设备情况、质量要求不同，相关政策和招标人对投标人的企业资质要求也不同。因此，投标人必须达到政策或招标文件要求的企业资质等级。物业服务企业资质不符合条件的，投标文件可能被视为废标。

《物业服务企业资质管理办法》第八条规定："一级资质物业服务企业可以承接各种物业管理项目。二级资质物业服务企业可以承接30万平方米以下的住宅项目和8万平方米以下的非住宅项目的物业管理项目。三级资质物业服务企业可以承接20万平方米以下住宅项目和5万平方米以下的非住宅项目的物业管理项目。"第十九条规定："物业服务企业超越资质等级承接物业管理业务的，由县级以上地方人民政府房地产主管部门予以警告，责令限期改正，并处1万元以上3万元以下的罚款。"

（三）投标人应符合招标人在招标文件中对管理业绩等方面所列的条件

为保证招标项目切实实现良好的物业管理，招标人在招标条件中除要求投标人具备相应的物业服务企业资质外，通常还会对物业服务企业的类似项目的管理经验与业绩、派驻项目的负责人、管理团队的条件、物业管理的服务内容和服务标准、投标书的制作、技术规范和合同条款等方面做出明确、具体的要求。有些物业可能会由于其特殊的地理环境、

特殊的服务对象及某些特殊功用等，需要一些特殊服务，因此物业服务企业还应当具有招标文件提出的其他条件。

二、物业管理投标程序及实施细则

物业管理投标程序如图 4-1 所示。

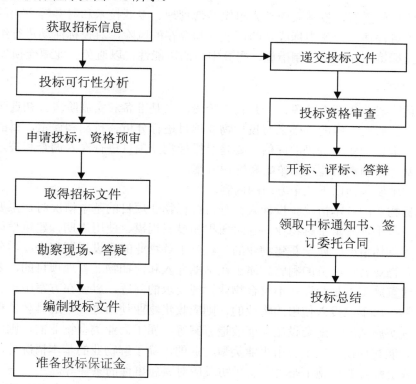

图 4-1 物业管理投标程序

（一）设立投标管理部门

规模较大的物业服务企业一般设立市场开拓部，由该部门专门负责物业市场开拓业务、物业投标组织和实施工作。没有设立市场开拓部门的物业服务企业，可以设立专职和兼职人员负责此项工作，在投标前成立专门投标小组，全面负责投标工作。

（二）获取招标信息

投标人获取招标信息一般来自以下渠道：从公共媒介上采集公开招标信息；招标方主动邀请；客户或业务单位介绍等。招标人采取公开招标方式的，应当在公共媒介上发布招标公告，并同时在中国住宅与房地产信息网和中国物业管理协会网上发布免费招标公告。招标公告应当载明招标人的名称和地址、招标项目的基本情况以及获取招标文件的办法等事项。物业服务企业一般应安排人员及时收集上述招标信息。

（三）投标可行性分析，进行投标组织策划

在获取招标信息后，投标人应首先组织经营管理、专业技术和财务等方面的人员对招标物业进行项目评估，预测中标成功的可能性和存在的风险，对投标活动进行组织策划，制定相应的投标策略和风险控制措施，提高中标的可能性，以避免企业遭受损失。

1. 项目评估

项目评估一般分为两个阶段，一是初选阶段，二是准备和实施阶段。初选阶段的评估主要是在调查、研究资料的基础上对投标物业项目进行分析、预测和评定，目的是确定是否参与投标；准备和实施阶段的评估主要是对投标物业项目进行深入调查和技术、经济论证，并在此基础上确定最佳投标策略和管理方案。

项目评估主要包括以下几个方面的内容。

（1）投标物业的基本情况。投标人在分析招标物业项目的基本情况时，主要是从物业的性质、类型入手，着重了解物业的建筑面积和投资规模、使用周期、建筑设计规划、配套设施设备等具体情况。属于新建物业的，就要了解物业的建设周期和进度，分析物业现有条件对实施物业管理服务的利弊。属于在早期介入和前期物业管理项目的，要关注现有规划设计及建筑施工中是否存在不符合物业管理要求的问题，以便在方案中提出相应的解决或建议方案；属于已投入使用的物业的，则应收集物业使用过程中的具体资料，例如历年大中修计划实施情况、配套设施功能改造方案等；属于商业类型物业的，则应了解商业物业的使用功能和规模；属于公用事业类型物业的，除了解物业的基本情况外，还应该关注现有规划或已配置的设施中是否具备预防及应对紧急事件的条件等。

物业服务企业可以通过招标文件、现场踏勘、标前会议等渠道获取招标物业项目的基本资料，为后期编写投标物业项目的组织架构设计、人员及岗位的设置、费用测算等提供准确的依据。

（2）招标物业项目的定位。分析招标物业项目的定位要从投标物业项目的内部条件和外部环境入手，了解物业的功能定位、形象定位和市场定位，调查物业所在地域的人文环境、经济环境、政治及法律环境，具体包括物业所在地域的法规政策，政府管理方式，社会文化传统与风俗习惯，居民收入与消费水平，物业所在区域的位置、交通条件、商业状况、人口流动状况以及类物业的服务费用标准等。

（3）了解业主的需求。招标物业项目的业主对物业管理服务的需求包括业主需求的内容、物业管理消费承受能力等。目前设计的较为规范的物业管理招标文件中对物业管理服务需求都有明确具体的规定，物业服务企业应认真分析招标文件的相关内容。对于非单一业主的招标物业项目，物业管理企业还应通过市场调研的方式了解招标物业业主（包括预售或现售性质物业的潜在客户）的文化层次、生活需求、对物业管理服务的期望与要求，从而为制定物业管理方案中的服务重点和管理措施提供决策依据。

（4）建设单位、物业产权人（含业主）、物业使用人的基本情况。建设单位、物业产权人（含业主）、物业使用人的基本情况包括其背景资料以及是否具有诚意合作并具备履行合同的实力。属于新建物业的，要详细调查了解建设单位的资金实力、技术力量和商业信誉等，并通过对建设单位以往所承建的物业质量以及有关物业服务企业与之合作情况的调查，分析判断招标物业建设单位的可靠性；属于重新选聘物业服务企业的招标项目，应调查解聘原管理方的原因、物业产权人是否与原建设单位或管理方存在法律纠纷；对于已投入使用一定年限的招标物业，需详细了解物业的使用情况，产权人的背景、资金实力和信誉，物业是否存在重大隐患；属于要求投标人参与物业合作经营的招标项目，应另作具体的投资可行性分析论证。

（5）深入分析招标条件和招标过程。对招标方要求的条件要进行深入分析，预测中标的可能性。对在招标文件和招标过程中提出的异常要求和出现的异常情况要进行分析判断，调整招标策略，避免因招标方或竞争对手使用违规手段操纵招标活动，使企业蒙受不必要的损失。比如有的招标文件会由于招标者的利益趋向而呈现出某种明显偏向。在阅读标书时，物业服务企业应特别注意招标公告中的特殊要求，以便做出正确判断，还应对招标方增加的合同特殊条款做出其是否符合《物业管理条例》规定的判断，从而评估企业若承担特殊条款可能存在的风险。

（6）分析评估竞争对手。对竞争对手的分析评估包括：了解竞争对手的规模、数量和企业综合实力；竞争对手现接管物业的社会影响程度；竞争对手与招标方是否存在背景联系，在物业招标前双方是否存在关联交易；竞争对手对招标项目是否具有绝对优势；竞争对手可能采取的投标策略等。

（7）企业自身条件的分析。对企业自身条件的分析内容包括：招标项目的性质，所在区域、规模是否符合企业发展规划；项目类型是否符合企业确定的目标客户；常规预测的盈利；项目风险控制是否在企业可以承受的范围内；投标企业现有的人、财、物等资源条件是否具备满足项目需求的能力。

物业服务企业只有通过对项目进行合理的分析和正确的评估，并结合物业服务企业自身的优势条件，才能确定招标项目的选择和招标活动的具体实施。

2. 投标风险的防范与控制

物业管理投标的主要风险来自于招标人和招标物业、投标人、竞争对手等三个方面。

（1）来自于招标人和招标物业的风险有：招标方提出显失公平的特殊条件；招标方未告知可能会直接影响投标结果的信息，建设单位可能出现资金等方面的困难而造成项目无法正常进行；因物业延迟交付使用而造成早期介入期限延长；招标方与其他投标人存在关联交易等。

（2）来自于投标人的风险主要有：未对项目实施必要的可行性分析、评估、论证，从而造成投标决策和投标策略的失误；盲目做出服务承诺；价格测算失误造成未中标或中标后亏损经营；项目负责人现场答辩出现失误；接受资格审查时出现不可预见或可预见但未作相应防范补救措施的失误；投标资料（如物业管理方案、报价等）泄露；投标人采取不正当的手段参与竞争，被招标方或评标委员会取消投标资格；未按要求制作投标文件或送达投标文件造成废标等。

（3）来自竞争对手的风险主要有：采取低于成本竞争、欺诈、行贿等不正当的竞争手段；具备相关背景或综合竞争的绝对优势；窃取他人的投标资料和商业秘密等。

对上述风险的防范与控制的具体措施有：严格按照相关法律法规的要求参与投标活动；对项目进行科学合理的分析、评估，周密策划、组织、实施投标活动；完善企业自身的管理；选择信誉良好的招标方和手续完备、盈利优势明显的物业；充分考虑企业的承受能力，制订可行的物业管理方案，选择经验丰富的项目负责人；慎重对待合同的附加条款和招标方的特殊要求等。

3. 投标的组织策划

物业服务企业在获取招标信息后应组织相关人员组成投标小组，对投标活动进行策划实施，其主要任务是项目分析评估、标书编制、投标策略的制定、参与现场踏勘、开标、评标、现场答辩、签约评标等。

（1）根据招标物业项目的情况选择企业骨干力量组成投标小组，投标小组成员的选择、配备，尤其是项目负责人的选择是确保投标活动质量和效率的基础。对招标方、招标物业基本情况和竞争对手要进行深入细致的调查，正确评估，预测并降低投标的风险。

（2）正确编制标书。编制标书要根据招标文件的要求进行，在透彻掌握招标文件内容和进行深入细致的市场调查基础上，确定管理项目的整体思路（包括物业管理工作重点、服务特色、管理目标、管理方式及实施措施等），制订物业管理方案。

（3）在科学分析和准确计算的前提下测算管理服务成本并制定合理报价。

（4）灵活运用公共关系，多渠道获取相关信息，确保报价的合理性。

（5）加强与招标方的沟通，了解招标方的需求，及时掌握投标过程中出现的变化情况并采取相应的应对措施。

（6）周密安排招标方的资格预选和评标过程中的现场答辩活动。

4. 申请投标，参加资格预审

公开招标的招标人可以根据招标文件的规定，对投标申请人进行资格预审。实行投标资格预审的物业管理项目，招标人应当在招标公告或者投标邀请书中载明资格预审的条件和获取资格预审文件的办法。

资格预审文件一般包括资格预审申请书格式，申请人须知，需要投标申请人提供的企业资格文件、业绩、技术装备、财务状况和拟派出的项目负责人与主要管理人员的简历、业绩等证明材料。投标人应按照招标文件要求提供资格预审文件，接受招标人的资格预审。

经资格预审后，公开招标的招标人会向资格预审合格的投标申请人发出资格预审合格通知书，告知获取招标文件的时间、地点和方法，并同时向资格不合格的投标申请人告知资格预审结果。

5. 获取招标文件，阅读招标文件

投标人要想取得招标文件必须向招标人购买，而取得招标文件之后如何阅读，成为关系到投标成败的重要环节。

招标文件可能会由于篇幅较长而出现前后文不一致、某些内容表述不清的情况。若不能发现或不予重视，将可能影响投标文件的编制，影响投标的成功，甚至影响中标后合同的履行。因此，投标人必须认真仔细地阅读标书，并尽可能找出疑点，并做好记录，通过答疑会或其他方式要求招标人进行回复。

投标人还应注意要对招标文件中的各项规定，比如开标时间、定标时间、投标保证书等，尤其是图样、设计说明书以及管理服务标准、要求和范围予以足够重视，仔细研究。

6. 勘察现场、参加答疑会

招标人将按照招标程序组织参与投标人统一参观现场，并向他们做出相关的介绍，帮助投标人充分了解物业情况，以合理计算标价。在考察过程中，投标人必须就以下方面进行细致了解。

（1）物业管理在物业竣工前期介入，则应现场查看工程土建构造、内外安装的合理性，尤其是消防安全设备、自动化设备、安全监控设备、电力交通通信设备等，必要时做好日后养护、维护要点记录和图样更改要点记录，交与房地产开发商商议。前期介入的优点在于物业服务企业可与房地产开发商更好地协调，有利于其接管后的管理。物业服务企业应尽量利用这一机会，认真准备、仔细查看，参与项目的设计开发，甚至可以就设计的不合理之处提出修改意见，或提出更好的设计建议。

（2）物业管理在物业竣工后期介入，则应按以下标准考察项目：工程项目施工是否符合合同规定与设计图样要求；技术经检验是否达到国家规定的质量标准，能否满足使用要求；竣工工程是否达到窗明、地净、水通、电亮及采暖通风设备是否运转正常；设备调试、试运转是否达到设计要求；是否确保外在质量无重大问题；周围公用设施分布情况。

（3）业主主要情况，包括收入层次、主要服务要求与所需特殊服务等可由投标人自行安排人员与时间进行调查。

（4）当地的气候、地质、地理条件等与接管后的服务密切相关的条件，例如北方地区冬季需要采暖，物业管理应注意提供供暖服务以及相应的暖气设备维修管理。

在招标人组织的答疑会上，投标人一般会召集相关管理、技术等方面的人员现场介绍项目情况，并对招标文件中的不明确之处进行现场答疑。招标人对投标申请人提出的疑问应当予以澄清并以书面形式发送给所有的招标文件收受人。

7. 编制投标文件

通常投标人可根据招标文件中的物业情况和管理服务范围、要求，制订相应的管理服务方案，编制投标文件。

投标文件一般包括以下内容。

（1）报价函。

（2）资格、资质证明文件，一般包括：① 营业执照副本、税务登记证副本复印件；② 法定代表人授权委托书，如法定代表人投标，须提供法定代表人证书复印件或法定代表人身份证复印件；③ 物业管理认定证书、物业管理经理岗位证书、相关人员技术证书及其他资质、资格证书等复印件；④ ISO9000 质量认证复印件；⑤ 投标人认为需要提交的其他文件。

（3）投标文件，一般包括：① 报价一览表；② 详细规范的分项报价表。

（4）技术文件，一般包括：① 针对本项目物业管理的综合说明（含管理理念）；② 拟参加本项目的物业管理经理、部门经理简历表；③ 物业服务企业的管理机构设立方案、运作流程及各项管理规章制度；④ 物业管理人员配备方案；⑤ 物业管理服务费用收支测算报告；⑥ 物业管理服务分类标准与服务承诺；⑦ 各类突发事件的处置预案；⑧ 档案资料的建立与管理；⑨ 物业管理开始及结束的交接规范和交接义务；⑩ 拟参加本项目物业管理工作主要业务骨干的配置人选和人员素质介绍；⑪ 需要招标人协助解决的问题；⑫ 投标人认为应说明的其他事项。

（5）商务文件，一般包括：① 资格及商务情况表；② 报价偏离表；③ 企业简介；④ 投标人经营业绩；⑤ 投标人认为需加以说明的其他内容。

投标文件编写中应注意的以下问题。

（1）确保填写无遗漏，无空缺。投标文件中的每一空白都需填写，如有空缺，则被认为放弃意见；重要数据未填写，可能被作为废标处理。

（2）不可任意修改填写内容。投标人所递交的全部文件均应由投标方法人代表或委托代理人签字；若填写中有错误而不得不修改，则应由投标方负责人在修改处签字。

（3）填写方式规范。除投标方对错处作必要修改外，投标文件中不允许出现加行、涂抹或改写痕迹。

（4）不得改变标书格式。若投标人认为原有招标文件规定的格式不能表达投标意图，可另附补充说明，但不得任意修改原招标文件规定的格式。

（5）计算数字必须准确无误。投标人必须对单价、合计数、分步合计、总标价及其大写数字进行仔细核对。

（6）报价合理。投标人应对招标项目提出合理的报价。

（7）法人代表及授权代表签字、加盖公章。投标人应严格按照招标文件规定在相应处签字盖章。

（8）遵照标书装订要求。招标人一般要求将标书按正本、副本分别装订，并且明确正、副本的装订份数。

（9）封装整洁美观。投标文件应保证字迹清楚，文本整洁，纸张统一，装帧美观大方。

（10）做好投标文件的保密措施，按照招标文件提供的封条样式进行封装。

8. 准备投标保证金

在物业投标活动中，为避免投标人在投标过程中中途退出或中标后不能在规定期限内与招标人签订合同，给招标人造成经济损失，通常招标人要求投标人预先缴纳一定金额的投标保证金，投标保证金用于保护本次投标免受投标人的行为而引起的风险。投标保证金一般采用银行汇票、转账支票等方式缴纳。在正式开标前，招标人在进行资格审查时，没有按规定缴纳投标保证金的投标人将被拒绝参与投标活动。

9. 递交投标文件

全部投标文件编制好以后，投标人应按招标文件要求进行封装，并在招标文件要求的投标截止时间前将投标文件送达指定地点。招标人将拒绝接受投标截止时间后送达的投标文件。招标人收到投标文件后，应向投标人出具投标文件签收证明。电报、电话、传真、电子邮件等形式的投标文件不予接受。对投标人提交的投标文件在投标截止时间后招标人将不予退还。

10. 接受招标人资格性审查

开标前，投标人应按招标文件规定的要求准备相应资料，接受招标人的资格性审查。资格性审查指依据法律法规和招标文件的规定，对投标文件中的资格证明、投标保证金等进行审查。如果投标人出现没有按照要求提交全部资格证明文件及投标保证金；不参加报价仪式；未按照招标文件要求密封、盖章等情况，则其投标将被拒绝。

11. 参加开标、现场答辩和评标

投标人在接到开标通知后，应在规定的时间到达开标地点参加开标会议和现场答辩，并接受评标委员会的审核。开标程序一般包括以下内容：

（1）公开报价。① 按照招标文件规定的时间、地点公开报价，公开报价由招标人或其委托的招标代理机构主持，招标人、投标人代表参加；② 公开报价时，由投标人和公证机构（政府招标项目）检查投标文件的密封情况，并经投标人签字确认，公证机构对投标文件的密封情况进行公证；③ 工作人员当众拆启投标文件，唱价员宣读投标人名称、报价和其他主要内容；④ 记录员将唱价内容分项记录。

（2）评标委员会。招标人或其委托的招标代理机构将根据本项目的特点组建评标委员会（竞争性评标项目组建评标委员会），其成员一般由招标人及有关方面的专家等三人以上单数组成，其中经济、技术等方面的专家不少于成员总数的三分之二，评标委员会负责对投标文件进行评审，确定成交投标人。评标委员会的专家成员，应当由招标人从房地产行政主管部门建立的专家名册中采取随机抽取的方式确定。与投标人有利害关系的人不得进入相关项目的评标委员会。

（3）评标原则，一般包括：① 统一性原则：评标委员会将按照统一的评标原则和评标方法，用同一标准进行评审；② 独立性原则：评标工作在评标委员会内部独立进行，不受外界任何因素的干扰和影响，评标委员会成员对出具的评标意见承担个人责任；③ 物有所值原则：通过第一轮的公开报价，激发投标人展开竞争、进一步优化方案，并使报价符合预期目标（适用于竞争性谈判项目）；④ 保密性原则：招标人或招标代理机构应当采取必要的措施，保证评标在严格保密的情况下进行。

（4）初步评审。初步评审一般包括以下内容：① 资格性检查；② 技术及商务评标：评标委员会与通过资格审查的投标人分别进行技术及商务评标，招标文件有实质性变动的，评标委员会将以书面形式通知所有参加评标的投标人；③ 符合性检查：指依据调整后的招标文件的规定，从投标文件的有效性、完整性和对招标文件的响应程度等方面进行审查，以确定是否对招标文件的实质性要求做出响应。

（5）现场答辩。在评标过程中召开现场答辩会的，应当事先在招标文件中说明，并注明所占的评分比重。现场答辩主要考察投标人对项目的掌握程度、管理方案的可行性、项目经理的综合素质等，以确保投标人能够满足项目管理的需要。

答辩注意事项：① 应选择经验丰富、性格沉稳、对项目情况和标书熟悉的答辩人。在开标前应对答辩人员进行模拟演练，正确把握招标文件的要点、投标文件的重点内容、对项目的熟悉程度等，对重点问题、难点问题、普遍性的问题一一准备答辩要点。开标前，答辩人员应该保持良好的精神状态。② 在正式开标时，一般要求在规定的时间内完整地将标书主要内容、特点进行概要性介绍，答辩人员应当围绕招标方和评委普遍关注的问题集中阐述，做到重点突出、难点讲透、特色鲜明，从而体现投标企业的信心和实力，感染并打动招标方和评委。在现场发挥时要果断、明确，避免匆忙回答或含糊其辞。

（6）综合评标。综合评标一般包括以下内容：① 经初审合格的投标文件，评标委员会将根据招标文件确定的评标要求，根据标书评分、现场答辩等情况进行综合评标，并对评标结果签字确认；② 评审方法：一般采用综合评审法或最低评标价法进行评审。③ 评标委员会经评审，认为所有投标文件都不符合招标文件要求的，可以否决所有投标，而依法必须进行招标的物业管理项目的所有投标被否决的，招标人应当重新招标；④ 评标委员会完成评标后，应当向招标人提出书面评标报告，阐明评标委员会对各投标文件的评审和比较意见，并按照招标文件规定的评标标准和评标方法，推荐不超过3名有排序的合格的中标候选人。

招标人应当按照中标候选人的排序确定中标人。当确定中标的中标候选人放弃中标或者因不可抗力提出不能履行合同的，招标人可以依序确定其他中标候选人为中标人。

12. 领取中标通知书，签订合同并执行合同

招标人应当按照招标文件的要求在投标有效期截止时限前确定中标人，向中标人发出中标通知书，同时将中标结果通知所有未中标的投标人。

投标人在收到中标通知书后，应在规定的时间内及时与招标人签订物业管理服务合同。同时，投标人还要同招标单位协商解决进驻物业管理区域、实施物业管理的有关问题。

13. 投标总结

投标结束后，无论中标还是不中标，投标人都要对本次投标活动进行分析总结，积累成功的经验，吸取失败的教训。同时结算投标有关费用，对招标投标资料进行整理、归档。

（1）中标后的总结。投标人收到招标人发出的中标通知书后，表明投标活动取得成功，投标人应做好合同签订和接受项目的准备工作。投标人应进一步分析自身优劣、资源条件和业主的状况，积极准备合同签订的谈判活动，以便在谈判过程中把握主动，维护自身利益。同时，着手组建物业管理工作小组，制定工作规划，以便合同签订之日进驻物业。

（2）未中标的总结。未中标的企业应对本次失利的原因进行认真分析，总结失败的教训，同时吸取其他企业的长处。开标以后，投标企业不但可以知道有哪些竞争对手，而且知道竞争对手的报价情况。在进行总结时，投标企业应对投标报价、投标准备工作、投标策略、投标方案、答辩等进行全面分析，找出失利的原因。同时，应对竞争对手的长处进行分析吸收。投标企业在完成总结工作后，应将总结的内容形成书面文件并存档，以备以后投标时进行借鉴。

（3）资料整理与归档。投标企业无论是否中标，在投标结束后都应将所有在投标过程中形成的文件和资料进行整理并归档保存。对于中标企业来说，这些文件将成为其在今后履行合同中的依据。对于未中标企业，这些文件将可能成为企业在参与今后投标活动时宝贵的借鉴。

通常在一次投标活动中形成的文件包括：招标书；招标项目图纸；资格预审文件；对招标文件的澄清或修改文件；答疑会会议记录；投标书；二次报价及承诺书；中标/未中标通知书等。

第二节　物业管理投标决策

随着物业管理市场的逐渐成熟，招投标成为物业服务企业取得管理项目的主要途径。但是，作为物业服务企业，并不是每标必投，这实际就是一个投标决策问题。物业管理投标决策是指针对招标项目，投标人选择和确定投标项目与制订投标行动方案的过程。投标

决策的正确与否，关系到能否中标以及中标后的效益多少，关系到物业服务企业的发展前景和经济利益。

一、投标决策的含义及阶段划分

（一）投标决策的含义

所谓投标决策，包括三个方面内容。

1. 针对招标项目，决定是投标，或是不投标

通过对招标项目物业服务内容、物业类型、设施设备情况、客户群体、企业自身力量和实际情况等的分析，决定是否参加投标。在下列情况下物业企业应放弃投标：

（1）项目规模和标书对物业服务企业资质要求超出本企业资质等级的项目；

（2）超出本企业物业管理能力或企业现有人力资源储备不足以承担管理任务的项目；

（3）招标项目盈利水平较低或经营风险较大的项目；

（4）通过投标可行性分析，本企业的技术力量、管理经验、报价、客户关系等明显不如竞争对手的项目。

2. 倘若去投标，是投什么性质的标

按投标性质分类，可以将物业投标分为风险标和保险标。

物业风险标是指物业管理难度大、风险大，而物业服务企业自身管理水平、管理能力、人员储备、资金运作等方面都有未解决的问题，但由于物业项目可能会给企业带来更好的经济和社会效益或者企业为了扩大管理规模等原因而决定参加投标，同时设法解决存在的问题。投标后，如果问题解决得好，可取得较好的效益，锻炼出一支好的物业管理队伍，使物业服务企业迈上一个新台阶；如果问题解决得不好，企业的信誉、效益就会受到影响和损害，严重的可能导致企业亏损，经营陷于困境。

物业保险标是针对可以预见的情况，在物业管理水平、管理能力、技术装备、资金等方面实力较弱或对提高管理水平、资金落实、人员储备等方面都有了解决的对策之后再投标。经济实力较弱、抗风险能力较差的企业，往往投保险标。

3. 投标中如何采用扬长避短、以优取胜的策略和技巧

物业服务企业在不同的时期，针对不同的情况应采取不同的竞争策略。

新组建的物业服务企业，应从扩大市场份额、提高企业知名度等方面入手，采取低价竞争策略；对于分期开发的物业项目或大物业管理区域内的部分物业服务项目招标，应本着着眼全局、逐步介入的方针，先取得部分物业管理权，等时机成熟再争取全局以获取规模效益。

（二）投标决策的阶段划分

投标决策可以分为两个阶段：投标决策的前期阶段和投标决策的后期阶段。

投标决策的前期阶段主要是依据招标广告以及本企业对招标物业、业主情况的调研和了解程度，决定是否投标。如果决定投标，即进入投标决策的后期阶段，它是指从申报资格预审至投标报价（封送投标书）前完成的决策研究阶段。主要是决定在投标中采取的策略问题。

二、影响投标决策的因素

（一）招标物业及招标单位情况

1. 物业性质

了解、区分招标物业的性质非常重要，因为不同性质的物业所要求的服务内容不同，所需的技术力量不同，物业服务企业的优劣势也有明显差异。例如，住宅小区的物业管理，其目的是要为居民提供一个安全、舒适、和谐、优美的生活空间，因此，在管理上就要求能够增强住宅功能，搞好小区设施配套，营造出优美的生活环境；服务型公寓则更注重一对一的服务特色，它既要为住户提供酒店式服务，又要营造出温馨的家庭气氛，其服务内容也就更加具体化、个性化，除了日常清洁、安全、绿化服务外，还应提供各种商务、医疗服务等；写字楼管理重点则放在"安全、舒适、快捷"上，其管理内容应侧重于以下方面：加强闭路监控系统以确保人身安全，增设秩序维护员及防盗系统以保证财产安全，开辟商场、酒家、娱乐设施及生活服务设施以方便用户生活，完善通信系统建设以加强客户同外部联系。

不同的管理内容必然对物业服务企业提出不同的服务要求和技术要求，与此相适应，物业服务企业采取的措施、制订的方案也自然不同。

2. 特殊服务要求

有些物业可能会由于其特殊的地理环境、特殊的服务对象及某些特殊功用等，需要一些特殊服务。这些特殊服务很可能成为某些投标公司的竞投优势，因此，必须认真对待，考虑其支出费用、自身技术力量以及可寻找的分包伙伴，从而形成优化的投标方案；反之，则应放弃竞标。

3. 物业招标背景

有时招标文件会由于招标人的利益趋向而呈现出某种明显偏向，这对于其他投标公司而言是极为不利的。因此，在阅读标书时，物业服务企业应特别注意招标公告中的一些特殊要求，做出优、劣势判断。例如，招标书上写明必须提供某项服务，而本地又仅有一家专业服务公司可提供该项服务，则投标公司应注意招标人与该专业服务公司是否关系密切以及其他物业服务企业与该专业服务公司是否有合作关系等。

4. 物业招标单位状况

包括招标单位的技术力量、信誉度等。物业的质量取决于开发建设单位的设计、施工质量。因此，物业服务企业通过对房地产开发商已建物业质量的调查以及有关物业服务企业与之合作的情况，分析判断招标房地产开发商的可靠性，并尽量选择信誉较好、易于协调的房地产开发商，尽可能在物业开发的前期介入，既能保证物业质量，又便于日后管理。

（二）自身因素

投标或是弃标以及如何争取中标，首先取决于投标者自己的实力，包括以下几个方面。

1. 技术方面

针对招标物业的实际情况，从招投标管理的内容、物业类型、设备功能、基础设施及配套设施等方面入手，结合本企业的各种技术力量，进行分析，决定是否投标；并且预测，如果投标，命中的可能性。

2. 以往类似的物业管理经验

已接管物业往往可使企业具有优于其他物业服务企业的管理方法或合作经验，这在竞标中极易引起房地产开发商的注意；从成本角度考虑，以往的类似管理经验可以使现成的管理人员、设备或固定的业务联系方面节约许多开支。因此，投标者应针对招标物业的情况，分析本企业以往的类似经验，确定公司的竞争优势。

3. 管理方面

物业管理的对象是"物"，服务对象是"人"，对物的管理的好坏主要是通过业主的感受体现出来。所以有必要对招标物业业主的情况进行了解、分析，具体内容包括：知识结构、经济收入（外销物业的还包括民族、国籍、宗教信仰）及与原物业服务企业关系，重新选聘物业服务企业的原因等，这对于编写投标书及今后进行管理都有很大的参考价值。因为业主的满意就是物业管理高水平的体现。

4. 人力资源优势

人力资源优势指企业是否有人才储备，在已接管物业中是否具有熟练和经验丰富的管理人员，或者是否进行了人员培训。

5. 竞争策略

对于投标企业来讲，不同时期、不同情况应采取不同的竞争策略。如果是新组建的物业服务企业，可从树立信誉、开拓市场入手，宁可少获取利润，也要争取中标；如果是一个大物业管理区域内部分物业的招标，应本着着眼全局、以丰补歉的方针，先争取局部物业的管理权，等扩大影响、树立信誉后，再各个击破，争取全局以获取规模效益；如果是新型的、特殊的管理的项目，虽然管理上有一定难度，但易获取利润，所以应积极争取，开此类物业管理的先例。

6. 财务管理及资金优势

财务管理及资金优势指企业在财务分析方面是否有完善的核算制度和先进的分析方法，是否拥有优秀的财务管理人才资源，是否能多渠道筹集资金并合理开支。

7. 劣势分析

劣势分析主要体现在与竞争者的优势对比上。诸如企业资质、同类项目管理经验、地理位置或区域优势以及投入的人力、物力、财力等方面。

（三）客观因素

1. 招投标过程的公正性、合理性

招标单位的工作方法和作风，其他投标单位的投标手段，都可能对物业管理招标过程的公正性、合理性产生影响。对于招标单位来讲，只有确保招标过程及评标、决标的公正性、合理性，才能在物业管理市场上选聘到价廉质优的物业服务企业。而对于投标单位来讲，只有靠自己各方面的综合实力在各投标单位中脱颖而出，才能真正在市场上站稳脚跟，扩大市场份额，形成规模，产生效益。这才是各物业服务企业生存与发展的法宝。

2. 对竞争对手和竞争形势的分析

对竞争对手进行调查是对投标环境调查的一个重要内容。竞争对手的数量、质量和投标的积极性，直接关系到本公司要不要投标、如何投标及采取何种投标策略等问题。如果本公司在资质等级、信誉、技术力量及管理水平等方面明显差于竞争对手，而自己又没有具体措施改变这种状况，就需慎重考虑是否投标，因为投标不中，特别是连续投标不中，不仅使企业在经济上受到损失，而且有损企业声誉，不利企业今后的竞争。

对竞争者的分析包括以下几方面。

（1）潜在竞争者。这主要是指可能参与竞投的物业服务企业有哪些，这些企业的资质状况、财务状况、人才结构、技术力量、社会信誉等，这些情况的分析会对竞投结果产生影响。

（2）同类物业服务企业的规模及其现有接管物业的数量与质量。一般大规模的物业服务企业就意味着成熟的经验、先进的技术和优秀的品质，就是在以其规模向人们展示雄厚实力，这在很大程度上将影响招标人的选择判断。物业服务企业正在接管的物业数量、所提供服务的质量则从另一方面更为真实地印证其实力大小。

（3）当地竞争者的地域优势。当地的物业服务企业可以利用其熟悉当地文化、风俗的优势提供令业主满意的服务。与异地物业服务企业相比，他们可能具有与当地有关部门特殊关系的优势，一方面可减少进入障碍；另一方面可利用以往业务所形成业务网络，分包物业管理，从而具有成本优势。

（4）经营方式差异。实体经营与分包经营具有不同的优劣势，将导致报价的相应差异，投标人可针对招标物业所在地、项目类型、服务要求等具体情况权宜从事。

3. 风险因素

不同物业管理招标项目其可能获利的机会是不同的。有些管理项目甚至会亏损。一般来讲，高级商务楼、办公楼、涉外商品房、高级花园、别墅等物业可赢利，风险相对较小；而像已售公房的物业管理，则风险相对较大。这主要是由于对不同的物业，政府有着不同的定价政策及定价水平。因此，投标的物业服务企业对自己已管的各类物业要统筹考虑，对欲投标的物业从经营管理成本、利润等进行测算，以供决策之用。

在国内从事物业管理投标，通常可能面临以下几个方面的风险。

（1）通货膨胀风险。主要是指由于通货膨胀引起的设备、人工等价格上升，导致其中标后实际运行成本费用大大超过预算，甚至出现亏损。

（2）经营风险。即物业服务企业由于自身管理不善，或缺乏对当地文化的了解，不能提供高质量服务，导致亏损或遭业主辞退。

（3）自然条件。例如水灾、地震等自然灾害发生而又不能构成合同规定的"不可抗力"条款时，物业服务企业将承担的部分损失。

（4）其他风险。例如分包公司不能履行合同规定义务，而使物业服务企业遭受经济损失甚至影响信誉。

此外，当物业服务企业从事国际投标时，还可能面临政治风险。这些因素都可能导致物业服务企业即使竞标成功也会发生亏损。物业服务企业必须在决定投标之前认真考虑这些风险因素，并从自身条件出发，制订出最佳方案规避风险，将其发生的概率或造成的损失减少到最小。

复习思考题

1. 物业服务企业参加物业管理投标活动应具备哪些条件？
2. 简述物业管理投标程序。
3. 投标文件有哪些组成部分？
4. 什么是投标决策？影响投标决策的因素有哪些？

第五章

物业管理投标书的编写

第一节　物业管理投标书的组成与主要内容

投标是指投标人根据招标人的招标条件，向招标人提交其依照招标文件的要求所编制的投标文件，即向招标人提出自己的报价和高效服务，以期承包到该招标项目的行为。投标公司参与投标行为的最重要内容就是编制投标文件，即投标书。投标书是对投标公司前述准备工作的总结，是投标公司投标意图、报价策略与目标的集中体现，其编制质量的优劣将很大程度上影响投标竞争的成败。因此，投标公司除了应以合理报价、先进技术和优质服务为其竞标成功打好基础外，还应学会如何包装自己的投标文件，如何在标书的编制、装订、密封等方面给评委留下良好的印象，以争取较高的评分。

由于不同物业具有不同性质，不同招标项目具有不同要求，其投标书的内容要求也相应呈现出一定差异，但从实践来看，其要求编写的主要内容大同小异，投标公司在实践中可根据具体情况自行发挥，充分体现自己公司的优势和特点，以期给人耳目一新的感觉。

一、物业管理投标书的组成

物业管理投标书，即投标人须知中规定投标者必须提交的全部文件，主要包括投标致函和附件两大块内容。

1. 投标致函

投标致函实际上就是投标者的正式报价信，其主要内容有：

（1）表明投标者完全愿意按招标文件中的规定承担物业管理服务任务，并写明自己的总报价金额；

（2）表明投标者接受该物业整个合同委托管理期限；

（3）表明本投标如被接受，投标者愿意按招标文件规定金额提供履约保证金；

（4）说明投标报价的有效期；

（5）表明本投标书连同招标者的书面接受通知均具有法律约束力；

（6）表明对招标者接受其他投标的理解。

2. 附件

附件的数量及内容必须按照招标文件的规定确定。但应注意，各种商务文件、技术文件等均应依据招标文件要求备全，缺少任何必须文件的投标都将视为对招标文件未进行实质性的回应，将被排除在中标人之外。这些文件主要包括：

（1）公司简介，概要介绍投标公司的资质条件、以往业绩等情况；

（2）公司法人地位及法定代表人证明，包括资格证明文件（营业执照、税务登记证、行业主管部门颁发的资质等级证书、授权书、代理协议书等）、资信证明文件（保函、已履行的合同及商户意见书、中介机构出具的财务状况书等）；

（3）公司对合同意向的承诺，包括对承包方式、价款计算方式、服务款项收取方式、材料设备供应方式等情况的说明；

（4）物业管理专案小组的配备，简要介绍主要负责人的职务、以往业绩等；

（5）物业管理组织实施规划等，说明对该物业管理运作中的人员安排、工作规划、财务管理等内容。

二、物业管理投标书的主要内容

物业管理投标书除了按规定格式要求回答招标文件中的问题外，最主要的内容是介绍物业管理要点和物业管理服务内容、服务形式和费用。

1. 介绍本物业服务企业的概况和经历

该部分除了介绍本企业的概况外，主要介绍本企业以前管理过或正在管理物业的名称、地址、类型、数量，要指出类似此次招标物业的管理经验和成果，并介绍主要负责人的专业、物业管理经历和经验。

2. 分析要投标物业的管理要点

该部分主要指出此次投标物业的特点和日后管理上的特点、难点，可列举说明，还要分析业主对此类物业及管理上的期望、要求等。以下分别对不同性质物业管理中的重点、难点做出分析。

（1）普通住宅小区。对于普通住宅小区的业主而言，安全、舒适、便捷、费用低廉是一般的要求，高档次的优质服务则是部分业主较高的追求，因此其物业管理应当突出以下几点。① 环境管理。要求物业管理能维护规划建设的严肃性，定期进行检查维修，禁止乱凿洞、乱开门窗的破坏性行为，禁止个别业主随意改动房屋结构或乱搭建行为，保证业主的居住安全。② 卫生绿化管理。定时对小区公共场所进行清扫保洁，及时清运垃圾，加强清洁消毒；加强小区绿化养护，管理好绿化带、花草树木、休闲场所，禁止人为破坏行为。③ 治安管理。成立保卫部门，负责小区内的治安巡逻与防范，确保住户财产和人身安全，特别注意加强各类闲杂人员和各种车辆进出和停靠的管理，保证儿童和老人的安全。④ 市政设施管理。即市政道路、下水管道、窨井与消防等公共设施的管理、维修、保养等工作，满足业主的期望。⑤ 便利服务。为特殊住户提供各种专业有偿服务和特需服务。

（2）高层住宅。高层住宅相对于普通住宅小区而言，其特点是建筑规模大、机电设备多、住户集中，居住人员的素质也相应较高。因此，这类物业管理的重点应放在以下几点。① 机电设备管理。这是大楼的核心部分，例如发电机、中央空调、供水、消防、通信系统等，一旦某一部分发生问题，必将严重影响住户生活和工作。因此物业管理部门必须备有一支技术熟练的专业人员，做好管理人员的培训，健全各项管理制度，保证能及时排除故障。② 保卫治安管理。须设秩序维护员24小时值班守卫，建立来访人员登记制度，公共场所安装闭路电视监视系统，保证大楼每个角落都能处在秩序维护人员控制中。③ 卫生清洁管理。坚持早上清扫楼梯、走廊通道、电梯间等，收倒各楼层垃圾，清洗卫生用具，保持大楼清洁卫生。④ 保养维护。主要是对公用设施、公共场所进行定期检查、维修。

（3）写字楼。写字楼作为办公场所，要求环境应保持宁静、清洁、安全，其物业管理重点应放在以下几点。① 安全保卫工作。保证防盗及安全设施运作良好，坚持出入登记制度，24小时值班守卫，下班后及时清理。② 电梯、中央空调、水电设施维护。保证工作时间上述设备正常工作，不允许出错，并建立定期检查制度。③ 清洁卫生服务。这同高层住宅相类似，但要求更高，应当天天擦洗门窗，清扫走廊，做到无杂物、无灰尘，同时保证上班时间的开水供应。

（4）商业大厦管理。在商业大厦管理中，企业形象、居民购物方便程度是考虑的首要因素，其管理重点在于以下几点。① 安全保卫工作。通常大型商业中心客流量较大，容易发生安全问题，故应保证24小时专人值班巡逻以及便衣秩序维护人员场内巡逻。② 消防工作。管理维护消防设施，制定严格的消防制度。③ 清洁卫生工作。有专职人员负责场内巡回保洁、垃圾清扫，随时保持商场环境卫生。④ 空调或供热设备管理。设立专职操作及维护人员，保证设备正常运转。

以上是针对各类型物业列举其物业管理中普遍的重点和难点，但在具体编写投标书时，投标公司应针对物业具体性质与业主情况，就最突出的问题作详细分析。

3. 介绍本企业将提供的管理服务内容及功能

根据实践，物业服务企业的介入可能处于不同的时期，比如有的建筑在建设过程中物业就已经介入；有的业主已入住，物业服务企业才介入；有的属于中途更换物业服务企业，因此，不同的时期介入，物业服务企业要提供的管理内容是不相同的。

（1）开发建设时期的管理顾问服务内容。① 对投标物业的设计图纸提供专业意见。投标公司应从物业建成后管理的角度尤其是从入住业主的角度出发，考虑设计图纸是否具有操作的可行性，是否方便用户，有时甚至可以就物业的发展趋势提出一些有利于日后运用先进技术管理的设计预留建议。② 对投标物业的设施提供专业意见。投标公司应从使用者角度考虑设施的配置能否满足住户的普遍需要。③ 对投标物业的建筑施工提供专业意见并进行监督。包括参与房地产开发商重大修改会议，向业主提供设备保养、维护等方面的建议。④ 提出本投标物业的特别管理建议。主要就先前所分析到的管理难点有针对性地提出施工方面的建议，以利于日后管理。

（2）物业竣工验收前的管理顾问服务内容。① 制订员工培训计划。详细说明员工培训的课程内容以及经培训后员工所应具备的素质。② 制定租约条款、管理制度和租用户手册。③ 列出财务预算方案。指出日常运作费用支出，确定日后收费基础。

（3）用户入住及装修期间的管理服务内容。① 住户入住办理移交手续的管理服务。说明物业服务企业在用户入住时应向用户解释的事项及其应当承办的工作。② 住户装修工程及物料运送的管理服务。规定用户装修时应注意的问题及应提交的文件。③ 迁入与安全管理服务。说明物业服务企业应当采取哪些措施，规定业主应遵守的规章制度。

（4）正常管理运作期间服务内容。① 物业管理人力安排。编制物业管理组织运作图，说明各部门人员职责及其相互关系。② 秩序维护服务。包括为聘任与培训员工、设立与实施秩序维护制度等而应采取的措施。③ 清洁服务。包括拟定清洁标准，分包清洁工作的措施，监督清洁工作以及保证清洁标准的其他措施。④ 维修保养服务。编制维修计划，安排技术工程师监督保养工作的实施。⑤ 财务管理服务。包括制定预算案、代收管理费、处理收支账目、管理账户等。⑥ 绿化园艺管理服务。包括配置园艺工、布置盆栽、节日的装饰工作等。⑦ 租赁管理服务。这是针对承租用户的管理工作，包括收取租金、提供租约、监督租户遵守规章等工作。⑧ 与业主联系及管理报告。主要包括通知、拜访住户，了解情况，并定期向业主大会报告管理情况等工作。⑨ 其他管理服务内容。补充说明由于招标物业的特殊功用或业主特殊要求而需要的其他特定服务。

（5）说明将提供的服务形式、费用和期限。① 管理顾问服务期限：通常自接受委托开始至楼宇发放执照为止。② 管理运作服务期限：自楼宇发放执照起，至合同到期为止。

第二节　物业管理投标书的编制

一、物业管理投标书的基本要素

物业管理投标书作为评标的基本依据，必须具备统一的编写基础，以便于评标工作的顺利进行。因此，投标公司必须对投标书的基本要素有所了解，按照统一的要求编写投标书，以期得到较好的印象分。

1. 货币

国内物业管理投标书规定使用的货币应为"人民币"，而国际投标中所使用货币则应按招标文件的规定执行。

2. 计量单位

计量单位是投标书中必不可少的衡量标准之一。因此，统一计量单位是避免在定标和履约中出现混乱的有力手段。投标书中必须使用国家统一规定的行业标准计量单位，不允许混合使用不同的度量制。

3. 标准规范

编制投标书应使用国家统一颁布的行业标准与规范，如果某些招标人由于特定需要要求提供特殊服务，也应按照国家正式批准的统一的服务行业标准规范，严格准确地行事。若采用国外的服务标准与规范，应将所使用的标准规范译成中文，并在投标书中说明。

4. 表述方式

投标书的文字与图纸是投标者借以表达其意图的语言，它必须要能准确表达投标公司的投标方案，因此，简洁、明确、文法通畅、条理清楚是投标书文字必须满足的基本要求。编制投标书时，切忌拐弯抹角、废话连篇、模棱两可，应尽量做到言简意赅，措辞准确达意，最大限度地减少招标单位的误解和可能出现的争议。

好的图表胜过千言万语，图纸、表格较之于文字在表达上更为直接、简单明了，提倡多用图表来直观表达投标人的意图，但这同样要求其编写做到前后一致、风格统一、符合招标文件的要求。最好能以索引查阅方式将图纸表格装订成册，并和标书中的文字表述保持一致。

5. 真实性

投标文件应对招标文件的要求做出实质性响应，其内容应符合招标文件的所有条款、条件和规定，且无重大偏离与保留。投标人应按招标文件的要求提供投标文件，并保证所提供全部资料的真实性，以使其投标文件对应招标文件的要求。否则，其投标将被拒绝。

6. 技巧性

投标书的编写不仅应做到投标目标明确、方案可行，编写人员还应熟练掌握与投标书内容相关的法律、技术和财务知识，并以服务为出发点，综合运用心理学、运筹学、统计学等方面的理论和技巧。

二、物业管理投标书编写中应注意的问题

1. 确保填写无遗漏，无空缺

投标文件中的每一空白都需填写，如有空缺，则被认为放弃意见；重要数据未填写，可能被作为废标处理。因此投标公司在填写时务必小心谨慎。

2. 不得任意修改填写内容

投标方所递交的全部文件均应由投标方法人代表或委托代理人签字；若填写中有错误而不得不修改，则应由投标方负责人在修改处签字。

3. 填写方式规范

投标书最好用打字方式填写，或者用墨水笔工整填写；除投标方对错处作必要修改外，投标文件中不允许出现加行、涂抹或改写痕迹。

4. 不得改变标书格式

若投标公司认为原有标书格式不能表达投标意图，可另附补充说明，但不得任意修改原标书格式。

5. 计算数字必须准确无误

投标公司必须对单价、合计数、分步合计、总标价及其大写数字进行仔细核对。

6. 报价合理

投标人应对招标项目提出合理的报价。高于市场的报价难以被接受,低于成本报价将被作为废标。因为唱标一般只唱正本投标文件中的"开标一览表",所以投标人应严格按照招标文件的要求填写"开标一览表"、"投标价格表"等。

7. 包装整洁美观

投标文件应保证字迹清楚,文本整洁,纸张统一,装帧美观大方。

8. 严守秘密,公平竞争

投标人应严格执行各项规定,不得行贿、徇私舞弊;不得泄露自己的标价或串通其他投标人哄抬标价;不得隐瞒事实真相;不得做出损害他人利益的行为。否则,该投标人将被取消投标或承包资格,甚至受到经济和法律的制裁。

三、一些不规范的编标行为

是否认真编制投标文件是对投标人诚信经营的一种有效检验。然而在实践过程中,有些投标人没有充分利用招标这个公平竞争的平台,却把大量的精力和时间用在找关系、托熟人、向招标单位公关、寻求政治庇护上,却很少注重为响应招标需求而精心制作投标文件,敷衍了事,以致投标文件在评标的资格性和符合性审查中被列为"不合格品",难以中标,突出地表现在以下几个方面。

1. 杂乱无章

整本投标文件没有目录,投标文件各组成部分次序颠倒,没有先后顺序,缺乏条理性,乱七八糟,而评标专家对照招标文件的要求,查找投标文件与招标文件对应的相关内容,往往费尽心思,耗费大量的时间,为客观公正地评分,通常要翻来覆去地寻找对应项,很伤脑筋。这实质上加大了评标工作的难度,延缓了评标的进度,降低了评标效率。

2. 文不对题

一些投标人对制作投标文件掉以轻心,随心所欲,自以为久经"标场",制作投标文件轻车熟路,采取复制、套搬、抄袭等手段将以前已经实施过的同类采购项目的投标文件照搬照抄,殊不知每一项目都有具体的质量技术标准,反而造成"聪明反被聪明误",对招标文件的实质性响应张冠李戴、漏洞百出,对质量技术标准和服务要求的阐述词不达意,抓不住主题,看起来连篇累牍,实质性可供评判的内容极少,华而不实。

3. 残缺不全

一是投标文件不完整，组成部分丢三落四。按照招标文件的要求，各类资格性和符合性内容应当齐全，装订成册，而投标文件对资质证明、价格、技术、财务状况、信誉、业绩、服务等不是缺项，就是遗漏，或是份数不够，该签字盖章的没有签字盖章，开标一览表内容不全，对招标文件的要求部分缺乏实质性响应或根本没有响应，评标得分可想而知。二是对招标需求没有统筹把握，投标文件内容缺失。有的投标人在报价上要么大写金额或小写金额缺一项，要么大写与小写金额不一致。有的投标人在投标文件中将项目当中多个对象进行独立分割，没有响应招标文件的要求组成有机的整体，不是缺省就是掉项，无法保证项目实施的一体性和连贯性，往往在资格性和符合性评审过程中就遭淘汰，十分可惜。

4. 我行我素

由于有些投标人有在开标之前的公关作为基础，自以为对招标项目志在必得，往往自作聪明，擅自改变招标要求，夸大或降低标准，对招标文件的要求不作实质性响应，对资格性和符合性标准视而不见，殊不知公开招标是公开性强、透明度高的招标方式，评标专家是根据招标文件统一的规范要求，对投标文件进行综合比较评价来确定中标人，让暗箱操作、权钱交易者势必一无所获，得不偿失。

第三节　物业管理投标书样本

投标文件一

投标综合说明书

业主：_____

1. 根据已收到的招标编号为物招审字（　）第（　）号的_____物业的招标文件，遵照《××市物业管理招标投标管理办法》的规定，经考察现场和研究上述招标文件、招标文件补充通知、招标答疑纪要的所有内容后，我方愿以我方所递交的标函摘要表中的总投标价，承担上述物业的全部管理工作。

2. 一旦我方中标，我方保证按我方所递交的标函摘要表中承诺的期限和招标文件中对承包期限的要求如期按质提供服务。

3. 一旦我方中标，我方保证所提供的物业管理质量达到我方所递交的标函摘要表中承诺的质量等级。

4. 一旦我方中标，我方保证按投标文件中的物业管理班子及管理组织设计组织管理工作。如确需变更，必须征得业主的同意。

5. 我方同意所递交的投标文件在投标有效期内有效，在此期间内我方的投标有可能中标,我方将受此约束。

6. 我方同意招标文件中各条款,并按投标标价总额3%交纳保证金××万元(大写)。若我方违约,则扣除所交纳的全部保证金。

7. 除非另外达成协议并生效,招标文件、招标文件补充通知、招标答疑纪要、中标通知书和本投标文件将构成约束我们双方的合同。

投标单位:　　　　　(印鉴)

法定代表人或委托代理人:　(盖章、签字)

日期:　　年　月　日

投标文件二

企业法人地位及法定代表人证明

一、法定代表人证明

法定代表人资格证明书

单位名称:××物业服务企业

地　址:　省　　市　　街　　号

姓　名:　　性别:　　年龄:　　民族:

职　务:　　技术职称:　　身份证号码:

××系××物业服务企业的法定代表人。负责为××物业提供物业管理服务,签署上述物业的投标文件,进行合同谈判,签署合同和处理与之有关的一切事务。

特此证明。

投标单位:　　　　　(盖章)

上级主管部门:　　　(盖章)

日期:　　年　月　日

日期:　　年　月　日

二、营业执照(附图)

三、资质证书(附图)

四、法人代码证书(附图)

投标文件三

××物业服务企业简介

1994年12月组建成立的××物业服务企业是经××市建委核准的物业管理一级企业。

公司以管理住宅小区和工贸大厦为主,近几年来先后承接了××等物业的管理工作。截止到××年年底,本公司已接管楼房285栋,总建筑面积256万余平方米。其中,由本公司委托管理的××小区荣获了"全国优秀物业管理示范小区"称号，××区、××庄七区和单店小区也先后被评为"××市优秀物业管理居住区"。

为向业主提供全方位高质量服务，公司不仅装备了商务中心、超市、美容院、健身房等服务场所，还开设了建筑管理，房屋维修，代叫出租车，代办水、电、煤、电话费，代装潢，代购物品等服务项目，并配备专程免费巴士往返市区。

同时，公司还聘请了美国××物业服务企业主管为外方顾问，借鉴国外先进物业管理经验，不断健全管理制度，提高人员素质和服务水平，为所接管物业的广大业主提供真诚周到的专业服务。

几年来，公司先后有××花园小区荣获"全国城市优秀示范居住小区"称号，并顺利通过了英国BSI认证机构和××市SQCC质量认证中心对××花园物业管理服务质量保证体系的认证，率先成为中国北方地区荣获ISO9002质量认证证书的物业服务企业；××市北里东区和××市北里中区小区分别荣获了"全国优秀物业管理居住区"称号；××街南里小区、××街东里小区、幸福一村小区和龙华园小区也分别获得了"××市优秀物业管理居住区"称号。

本公司有完整的服务质量管理体系和完善的监控措施，近年来所接管的物业未曾出现过质量事故，××年被××市质量监督协会授予"服务质量信得过单位"，并且在××物业的管理工作中，由于服务质量突出，被××市精神文明建设领导小组评为"××市共建文明居住区先进单位"。

投标文件四

物业管理专案小组配备

一、物业由我公司抽调有丰富管理经验和较强指挥能力的人员组成物业管理班子。

二、物业管理专案小组主要成员简介：

1. 董事总经理：统筹整项发展计划，为此专案最高负责人。

2. 董事：专责处理该项发展计划的物业管理服务工作。此先生在某地共有10年的专业物业管理经验，其物业管理顾问的经历计有香港××大厦、××集团超高层大楼、某市××集团总部大楼、上海××广场、上海××百货公司、武汉××广场、北京××大厦及珠海××广场等。

投标文件五

对合同意向的承诺

一、承包方式：物业设计图纸预算。

二、服务价款的计算方式：

1. 各项服务的工作量依照物业设计图纸及行业常规计算；

2. 普通服务单价依照国家服务行业统一收费标准计算；

3. 特定服务单价参照国家类似服务统一收费标准，并适当浮动予以确定；
4. 设备的购置租赁价格及材料价格按本市有关规定执行；
5. 管理期间，凡遇有关政策性调整，按政策性调整规定执行。

三、在计算服务费用总成本的基础上，乘以我方投标承诺的优惠百分比作为实际收取费用。

四、服务款项收取方式：

物业竣工接管时，由物业服务企业从房地产开发商处收取物业总造价1%的管理基金。物业管理中日常服务收费由全体业主派出代表（固定或者轮流）收取并交至物业管理处。收取时间为每月1次，下月15日以前交至物业管理处。

五、材料设备供应方式：

管理所用材料、设备除临时所需的个别种类外，应由甲方供应到现场，乙方提供材料堆放场所；临时所需材料设备由业主认质定价，乙方负责采购，并按委托管理合同有关规定执行。

六、服务质量必须能使业主的合理要求得到满足。

在合同中制定出对物业服务企业高质量满足业主要求服务的奖励与不能提供符合业主要求服务的处罚。

七、为保证服务质量所需的技术升级费和协调费，应由物业服务企业通过精心组织管理和加强成本核算自行消化，不得向业主另行收费。

八、文明管理，确保安全，实现无重大事故。

投标文件六

附　　件

1. 企业信誉。
2. 企业资质（附表）。
3. 企业荣誉证书（附证书）。
4. 企业安全生产证明资料（附图）。
5. 企业物业管理服务质量证明资料（附资料）。
6. 近几年所接管主要物业的服务质量、期限、安全情况及物业管理班子配备明细表（附表）。

投标文件七

物业管理要点

物业管理服务可以说是一门学问，本公司以小心计算成本及为客户创造最理想的环境为原则，并通过长期的工作改进和提高，努力创造条件使每一座大楼的收益和投资潜质都能达致极限。这种"投资管理"的哲学，能使业主充分保障其不动产的投资权益，不但使其保值，更能使其增值。

××物业为高级工贸建筑，其物业管理重点分析如下：

一、工贸大厦管理

工贸大厦需要极为周全的服务，特别是当代的新型高级发展计划，还要照顾相当复杂的电动和机械装备的操作和保养，这些都需要有专门知识和技术。这些装备不仅包括升降机和停车场电梯，还包括高技术的现代化设备，如电脑控制的大楼自动化系统、中央空气调节设备和通风设备、保安监视和控制系统、自动滤水器、火警和其他消防装置以及后备电力供应设备等。租用户对这类大楼，特别是出入口大堂、洗手间和公共通道等地方的管理水准期望相当高。大楼的外墙也必须定期清洁，以保持大楼的外貌美观。一幢工贸大厦是否能得到完善管理，对该物业的租金及售价水平有很大影响，同样对其资本价值也会有影响。

二、停车场管理

现今停车场设备的管理多采用先进的自动化管理系统来满足繁忙的日常运作需要。采用自动化管理，可以减少人为差错、节省人力资源、加快车辆流量，从而使物业管理运作更为顺畅，租用户及访客利用停车场设备也更加方便快捷。此外，停车场上的停车程序也必须做出周详安排，以确保用户能获得所需服务。停车场必须设有闭路电视监控，保障访客安全。大楼后备电源发电机须与停车场自动化系统及照明系统接通，以备在紧急时段仍能操作和提供必要的服务。停车场内必须装有足够的通风系统，供应新鲜空气，以符合卫生安全。停车场经营管理策略应按照自给自足的原则确定收费标准，以降低管理费，而无须从管理费内补贴，这对整幢大楼的出租、出售和营运都有着正面的积极作用。

服 务 内 容

依据××物业现时的工程进度及运作安排，本公司建议首先向物业提供管理顾问服务，待大楼竣工后再提供管理运作服务。

一、物业管理顾问服务

物业管理顾问服务的项目包括：

（1）开发设计建设期间的管理顾问服务

① 提供大楼图纸专业意见；
② 提供大楼设施专业意见；
③ 提供大楼建材专业意见；
④ 预估大楼管理运作成本；
⑤ 大楼管理进度检讨；
⑥ 停车场管理建议。

（2）物业竣工验收前的管理顾问服务
① 制定租约条款、管理守则和租用户手册；
② 员工培训计划；
③ 财务预算。
（3）用户搬运及装修期间的管理顾问服务
① 移交大楼单位与用户程序；
② 装修工程及物料运送控制程序；
③ 秩序维护控制；
④ 搬运控制；
⑤ 安全控制。

（一）开发设计建设期间的管理顾问服务

这项服务将于大楼建筑施工期内提供给业主参照。

1. 服务的功能

（1）在管理前期能针对性地提出大楼现存且可能影响未来的管理问题，使业主能有时间考虑增减设施。
（2）节省日后管理设施修改或增加的费用，并可避免影响物业管理运作。
（3）在租用户入住前可订立管理费及其他费用的分摊原则，使日后管理运作能够顺畅。

2. 服务的内容

（1）提供大楼图纸专业意见

就本大楼的设计平面图、立面图、剖面图及基地现况提出与日后管理相关的专业意见及分析。这项工作主要是针对大楼设计在落成后对管理操作的实际运行是否能产生积极作用及其可行性而制定的。本公司将建议业主对部分设备的增添预留出空间，如中央监控室及相关设施的预定位置、垃圾处理室的适当位置、停车场的设备需求、车辆日常进出运作的安排、电梯系统运作规划、大楼自动化系统及其他各类设施的预留等。

（2）提供大楼设施专业意见

就业主预定的各项大楼设施提出对将来管理运作有利的顾问意见，主要从使用者角度出发选择设施种类及配备，并提供是否适合日后使用者需要的意见。

大楼设施包括：
① 电梯；
② 消防设备；
③ 电气设备；
④ 照明设备；

⑤ 给排水系统、大楼自动化系统；
⑥ 垃圾处理设备、洗窗机设备；
⑦ 后备发电机设备、大楼广播系统；
⑧ 停车场管理系统等。

（3）提供大楼建材专业意见

就业主选定的建筑材料提出对日后管理工作有影响的专业意见，例如对建材的耐用性、清洁性、质量优劣的鉴别，判断材料能否对使用者达到预期效果以及对管理者能否妥善处理等加以分析。

（4）预估大楼管理运作成本

就业主预定的各项大楼设施及配备，提供初步管理运作收支及人力资源费用预算供业主参考。

（5）大楼管理进度建议

本公司将针对建筑期内的不同情况提供意见，内容包括：

① 分析及评估大楼施工期间的图纸是否配合先前提出的专业意见；
② 当有重大设计修改时，派专业人员参加会议，与各有关单位配合协调并了解工程进度，以便即时提出专业意见，使日后的管理运作能够控制在一定的程度，省却将来因修改设计而带来的费用及时间耗费；
③ 就各厂商提供的设施及配备向业主提供专业意见，例如该设施日后的保养程序，零件配备是否足够，维修保养服务是否满意以及该项设计对管理者是否容易处理等，以此作为业主及建筑师的参考。

（6）停车场管理建议

依据现在的停车场规划提出管理顾问意见，内容包括：

① 制定停车场整体经营策略，如出租营运的安排及收费标准等；
② 停车场车辆楼层分配及运作形式，包括月租停车、计时停车及货运车日常运作模式的评估；
③ 就选定的停车场设备从管理者角度出发给出分析及建议，包括人力安排及维修保养服务。

（二）物业竣工验收前的管理顾问服务

1. 制定租约条款、管理守则和租用户手册

就租约条款部分，本公司将提供标准租约样本供业主参考，并通过本公司代理部与物业部的协调，参照业主意见，在条例中制订特定租约条款及细则。

物业的管理守则将作为租约条款的一部分，本公司将依据国外的专业管理规范配合特定环境，制定一套符合标准的管理规章。

除租约条款和管理守则外，本公司将与各承租户制定租用户手册，使租用户在搬入和

使用大楼前对管理运作能有充分了解，从而配合好物业服务企业的服务。

2. 员工培训计划

本公司将物业管理视为一项由人力作主导的服务行业，所以深信在物业管理中担当第一线管理人员的员工必须接受专业的特定训练。这些训练除灌输现代化物业管理知识外，还应包括其他项目，如领导才能或公共关系等课程。培训结束的考察将是理论与实务并重，且配合适当的演习，保证员工能熟悉并实际体会突发事故的应变措施及程序。

关于物业管理员工的培训，本公司设有较为健全的训练计划，具体训练课程有：

（1）业主及管理公司简介（包括人事组织及结构）；
（2）管理员工职责；
（3）管理员工在物业管理中扮演的角色；
（4）员工守则、行为及纪律；
（5）物业专门名词介绍；
（6）物业秩序维护措施及辅助巡逻设备；
（7）物业设施的定义及应用；
（8）管理服务的目的及重要性；
（9）移交及回收物业单位的程序；
（10）防火知识及消防装置；
（11）无线电通话机的使用；
（12）物业管理的基准；
（13）紧急事件处理程序：

① 水管爆裂；
② 火警应变；
③ 电力故障；
④ 煤气泄漏；
⑤ 雷电及台风；
⑥ 盗窃或抢劫；
⑦ 处理租用户投诉；
⑧ 处理可疑物体及恐吓电话；
⑨ 偷车；
⑩ 拾获财物；
⑪ 发现租用户受伤或意外；
⑫ 物业内违例或遗弃车辆；
⑬ 急救学常识；

（14）领导才能、组织能力及责任感等。

对于物业维修技工，其训练课程除选取上述部分项目外，还会加插以下课程：

① 机电维护的措施及程序；
② 物业空调运作流程；
③ 维修工具维护及保管；
④ 物业设施的操作流程等。

本公司计划在营运前为驻物业现场的管理员工提供上述训练课程，务必使各职务人员能在正式投入管理工作前，对专业管理模式及执行方法取得系统的、深入的认识并获得应有的训练机会。

3. 财务预算

现今的专业化物业管理，除需要专业管理人员及特定的管理系统设备外，对整幢建筑物的财务管理更为重视。精确的事前财务预算及分析能充分保障物业投资者的权益，另一方面，也能确保并增加不动产的价值。物业管理预算应当把握各项物业支出及定期收入，制订出一套完整而合理的预算方案，并预留基金用作长期保养及更新计划，以确保该项物业投资能达致效益极限。

本公司将为该物业提供一套依照现今发达国家及地区所采用的先进预算模式拟就的财务预算案。预算案内每一内容及项目均针对该物业所选择的设施和设备作出评估，而该项评估以使物业能达到专业管理服务为目的，所有数据及服务条件都以高品质管理服务为依据。

该项财务预算应包括下列各项支出，以便作为确定日后管理运作费用的基础。

（1）管理员工薪金

① 薪金及年终奖金；
② 加班费；
③ 劳工保险费；
④ 制服及洗衣费；
⑤ 员工训练费。

（2）维修及保养费

① 升降机；
② 排水设备；
③ 电器装置；
④ 秩序维护系统；
⑤ 消防设备；
⑥ 后备发电机设备；
⑦ 给水设备；

⑧ 楼宇维修；
⑨ 大楼标志及指示牌；
⑩ 通信及广播；
⑪ 大楼自动化系统；
⑫ 垃圾处理设备；
⑬ 清洗贮水池；
⑭ 卫生设备；
⑮ 洗窗机；
⑯ 停车场设备等。

（3）公共事业支出费
① 电力；
② 自来水；
③ 电话。

（4）杂项支出
① 园艺保养；
② 节日布置；
③ 大楼清洁；
④ 行政管理；
⑤ 会计稽核大楼账目；
⑥ 大楼保险；
⑦ 预留修缮基金；
⑧ 管理经理人酬金。

（三）用户搬运及装修期间的管理顾问服务

从物业落成到用户搬运阶段，大楼内将充斥各方面人士，包括租赁代理、承租户、装修工程承包商、建筑工程人员、维修人员及管理员工等，这必将对大楼整体营运管理、秩序维护、清洁等构成很大影响。本公司将提供系统的用户搬运及装修期间的管理顾问服务。

该项服务包含以下内容。

1. 移交大楼单位与用户程序

包括检查用户的有效租约文件，并由组长级员工向租户履行移交程序并提示应知事项，如大楼内各项设施、装修须知、运送物件安排等。单位内的工程问题亦需要用户于一定时间内告知物业服务企业及时予以修缮。此外，本公司将负责审阅用户提交的单位装修图纸，并限定用户在审批通过后才准许其承包商开始装修工程，以保障大楼设施及业主权益。

2. 装修工程及物料运送控制程序

为确保用户的装修工程及材料运送能配合大楼整体营运规划，要求各用户指定的装修承包商应在施工前提供有关资料及费用,以免妨碍大楼的正常运作,确保业主及用户的权益。本公司将要求用户提供以下资料及相关费用:
① 装修楼层/单位的证明;
② 24小时的联络人、电话、寻呼机、手机号码;
③ 承包商综合保险单资料;
④ 公共第三者保险单资料;
⑤ 估计装修工程天数;
⑥ 装修物料运送时间表;
⑦ 每日工作人数;
⑧ 驻场主管联系电话;
⑨ 装修期的临时水电供应费用与保证金等。

3. 秩序维护控制

此期间的秩序维护顾问服务,将包括大楼内全部公共场所、走廊、机械室、空调室及楼梯等处的秩序维护工作。驻大楼管理处将严格执行上级指示的各项秩序维护措施,以确保大楼在此期间的安全运作。

4. 搬运控制

为防止大楼楼板承重超过建筑法规允许的限度,公司应告知各用户有关规定,同时也要求用户提供搬运特别物件或器材的明细计划,以便审核这些行为是否违规。此外,对于搬迁期间的电梯安排及运送方法等,管理处将制定适当程序及运作模式,以配合用户的迁入搬运安排。

5. 安全控制

本公司特别强调安全第一,无论管理人员、装修承包商还是用户,必须遵守大楼制定的安全守则,以防发生意外。如单位内楼板禁止切割或挖掘,再如用户单位内设施的更改、易燃物体管理及处置等,管理处都将制定专门条规进行监管,以保安全。

二、物业管理运作服务

本公司可在大楼落成及发给楼宇使用执照后提供实质管理运作服务,服务项目如下:
① 大楼保险事宜;
② 大楼管理人力资源;
③ 秩序维护服务;
④ 清洁服务;
⑤ 维护保养服务;
⑥ 财务管理;

⑦ 租务管理;
⑧ 停车场管理;
⑨ 处理租户投诉;
⑩ 园艺保养及节日布置;
⑪ 公共关系;
⑫ 租户联系及管理报告。

(一)具体服务内容

1. 大楼保险事宜

本公司可提供经专业人士认可的物业估值报告,以供确定大楼的保险价值。该项服务将于大楼正式营运前提供业主参考。

2. 大楼管理人力资源

(1)配合大楼所需,聘请及培训合适的员工负责日常管理、秩序维护及维修等工作,以确保高品质服务素质。

(2)制定员工编制表、当班时间表、员工手册及各项运作报告等。

(3)在大楼正式营运前调派机电及管理人员进驻以熟悉各项设施运作,配合日后管理服务。

3. 秩序维护服务

(1)聘请合适的员工并辅以专业训练。依本公司以往经验,直接聘任秩序维护人员可避免因外包承包商产生的管理问题,如员工流动性、缺乏归属感及对大楼的认知等。

(2)本公司将结合业主代表意见拟定秩序维护人员岗位,设立特定的并适合本物业的秩序维护制度及编制相关巡逻路线图表等。

(3)为确保秩序维护服务能达到预定的效果,本公司将定期会同业主代表举行会议商讨大楼秩序维护问题。

(4)在大楼正式营运前,本公司将依据业主的特定要求拟定一套符合大楼需要的秩序维护计划供业主审核确认。

4. 清洁服务

(1)本公司将制定大楼清洁服务标准,如建材的类别、位置、清洁次数及所需员工等。

(2)本公司还将拟定清洁服务条款,以便就所承包的清洁及垃圾清运服务进行招标。本公司凭借以往接管大楼的经验,定能获得具有价格竞争力的清洁服务合约,使业主能以合理费用达致理想成效。

(3)本公司将备有适当报表用以监督清洁承包商日常运作,如核查清洁员工资历、检验清洁服务品质等。本公司将设有罚则以规范厂商的服务人数及清洁品质,处罚记录将定期审核以确定清洁费用的标准。

（4）本公司建议租用户的单位内清洁委任相同的承包商负责，从而减少大楼内秩序维护及管理运作问题。由同一承包商承包大楼清洁服务还可节省大楼营运支出，使公共场所的清洁费用更有竞争力。本公司将协助拟定租用户单位内清洁服务的细则条款以期达到统一标准。

5. 维护保养服务

（1）本公司将全权负责大楼内所有机电设备的运行及保养服务。各驻大楼技工将在高级技师督导下做好各项操作、维护及定期保养工作。

（2）本公司将编制短期及长期修缮计划，建立机电维护的质量标准，并备有各类保养报表以备检查。

（3）选择适合的保养承包商执行定期及大型维修保养计划，该项计划将由本公司负责制定工程细则并通过核查，由业主核准后进行。

（4）本公司将在被委任为物业管理代理后，为大楼制定一套5年的长期修缮计划书，并由业主审核后施行。

6. 财务管理

（1）大楼管理预算案

① 管理预算案主要针对大楼日常运作支出做出评估并制定。经业主核准后，该预算案将作为大楼财务预算管理基准，由业主授权本公司全责处理。

② 依据预算案，本公司将建议管理处制定空调费及保证金金额。

（2）处理支出账目

所有大楼内的管理运作账目将由驻大楼经理审核后交总公司作最后核准，一切支出项目将依据先前通过的大楼管理预算案所制定的预估费用予以核批。

（3）收支损益表

① 本公司将每月提交大楼收支损益报告供业主审核，报告内容包括大楼所有支出明细项目及预估支出，并提供管理费收支账目与应收账款相对照，以便业主了解大楼财务状况。

② 大楼收支损益账目将每年由经认可的会计师稽核并存档记录。

（4）管理账户

① 本公司将在业主指定的银行开设大楼管理账户，以备业主审核各项开支。

② 除有支出需要外，所有大楼管理金额将存放于专有账户，管理金额所获得的利息也将归入大楼管理账户。该账户特定专供大楼的管理营运使用。

③ 本公司将每日提供管理账户的银行收支记录及结存供业主以审核。

（5）代收租金及管理费

① 本公司将每月代业主发出租金通知单给承租户，所有收到的租金将立即存入业主指定的银行账户，并按时提交有关租金管理的书面报告，同时本公司还将向欠租的租户发出催收通知书，以确保业主能按期收到租金款项。

② 除发出租金通知单外，本公司还将每月发出管理费通知单给各承租户，并将所有收到的费用存入前述管理账户，并依据预算标准将其用于大楼管理营运。

7. 租务管理

（1）为保障业主权益，本公司在被委任为物业管理经理人后，除前述协助业主制定租约条款及细则外，还将在租用户租约期内向他们提供有关执行租约的服务。

（2）在租约有效期内，确保租户遵从租约上所订立的条款，并将进行定期查核查。

（3）租户有欠租或不履行租约条款的行为时，迅速报告业主以便尽快采取行动，以保障业主权益。

（4）在原租户租约期满前，代表业主与租户洽谈并订立新租约，提供租金水平的市场现值供业主参考核批。

（5）当租户租约期满后，本公司将代表业主收回有关单元，并建议进行适当修葺，使之能尽快租出。

8. 停车场管理

（1）制定停车场整体经营策略，如出租营运安排及收费标准等。

（2）规划停车场的日常管理程序，制定停车场守则及车辆进出动线流程。

9. 处理租户投诉

（1）驻大楼管理处将记录所有租用户的建议或投诉，并在最短时间内处理。

（2）本公司物业管理部主管级人员将会同驻物业现场主管定期拜访各承租户，建立友好沟通。

（3）将所有租户的建议及投诉记录提供给业主，以备业主核查及检讨。

10. 园艺保养及节日布置

（1）安排大楼园艺保养员工及园艺保养承包商处理日常园艺景观的维护工作，并挑选厂商供应适时的盆栽以改善大楼环境。

（2）在特定节日，如中秋节、春节等期间安排大楼布置，所有计划将在业主核准后方才施行。

11. 公共关系

（1）定期与大楼各租户沟通并收集意见，保持双方友好关系，促进大厦管理运作更顺畅。

（2）与区内政府机关及有关团体保持联络，遇有特别事件或状况时能即时发挥作用。

12. 租户联系及管理报告

（1）大楼管理处将定期发出通告，报道大楼内咨讯及其他事项，并将最新或经修改的管理规章告知租户。

（2）本公司物业管理部主管将定期拜访主要租户，收集有关改善管理运作的意见及建议。

（3）本公司将每月与业主举行例会，检讨及报告管理进度，必要时还可举行特别会议，商讨其他有关管理问题。

（4）本公司将每月提交详尽的管理报告供业主审核，内容将包括大楼人力资源状况、租用户的投诉、租约将要期满的租用户名单、大楼维修事项、管理费用及租金收支表等。

（二）管理运作进程与员工工作细则

1. 管理运作进程

（1）业主与××物业服务企业

由业主委任本公司为管理经理人，负责本物业的一切管理事宜，本公司则直接向业主负责并定期或每月提交管理报告和物业财务资料。

（2）××物业服务企业与驻物业现场主管／其他管理人员

本公司在被委任为管理经理人后，将委派资深物业经理进驻大厦统筹处理日常管理事宜，其他管理人员也将配合大厦运作需要适当设置。本公司物业管理部专门负责人将会同驻物业现场主管定期与业主沟通及检讨各项管理运作事务。

（3）××物业服务企业与基层管理员工

各基层管理员工将依据其资历及经验在物业正式营运前接受调配和训练，该级别的管理员工将着重选择有实践经验的管理人员担任，务求能够胜任日常管理事务。本公司将负责督导及培训各管理员工掌握专业管理知识，并将所学理论自觉运用于物业管理实践。

2. 管理员工工作细则

（1）物业主管

① 按其职权所属，严密监管其下辖各员工的日常工作。

② 编制员工轮值表，做出精细安排，需要时调派适量员工当班，避免出现人手不足或冗员过多的情况。

③ 每日呈交工作报告给公司物业管理部。

④ 主持每周工作会议，检讨工作表现，并借此沟通各级工作人员。

⑤ 巡查其职责范围内的运作，以确保完成下列各项工作：

A. 清洁情况满意；
B. 秩序维护系统操作正常；
C. 排水系统正常；
D. 空调供应正常；
E. 园艺摆设满意；
F. 消防通道无障碍物阻塞；
G. 后备系统正常。
⑥ 第一时间处理投诉，直到事件圆满解决为止。
⑦ 协助安排物业管理部负责人员探访大楼承租户。
⑧ 遇有事件发生时，第一时间赶赴现场，指挥员工并控制场面。
⑨ 熟悉所有紧急情况处理步骤，如台风预防措施、防火设施、紧急出口位置等。

（2）物业管理员
① 按工作指示驻守岗位或巡视指定的秩序维护路线。
② 随时保持最佳工作状态，处理意外时必须保持镇定。
③ 绝对服从合理的工作指示。
④ 驻守岗位、巡视或监视指定的物业范围，如发现任何可疑之处，立即按工作指示处理，并通知值勤主管。
⑤ 尽量避免使用武力，有需要时应召唤其他值勤人员支援。
⑥ 下班时如接班同事因任何理由未能准时到达，不可离开岗位，应通知主管代安排接班。

（3）维修保养员
① 按照主管指示执行修缮程序或担任其他应急职务。
② 负责大楼内一切维修工程，经由上级认定要由指定承包商保养的例外。
③ 维修工程进行时，应尽量避免给用户造成不便。
④ 工程进行时若涉及停电、停水、停空调，需由上级决定，并发出书面通告预先通知用户。
⑤ 每日做好并提交工作记录以及各修缮记录。
⑥ 领取工具时应填写申请表，工具应妥为使用，完工后应立即交回并及时记录。
⑦ 进行任何工作时，应以保证安全为原则。
⑧ 按时检查应急系统，如抽水机、后备电力系统等。

（4）停车场管理员
① 控制停车场管理系统及有关设施。
② 记录日常进出大楼车辆资料，协调货运车辆的货物启运装卸工作。
③ 上下班时协助疏导通道与车辆流量。
④ 停车场内若发生意外，应知悉处理步骤。

⑤ 若发现有可疑人士在停车场内徘徊，应立即呼唤其他管理员工到场协助。

⑥ 停车场内停放的车辆有警报长鸣时，应立即前往查看，并于事后记录一切，包括误鸣在内。

⑦ 未经主管同意，切勿代客停车。

⑧ 工作时必须穿戴反光背心制服，以确保安全。

（5）清洁员工／承包商

① 打扫清洁所有公共场所，包括公共走廊、楼梯、电梯、大堂、管理处、洗手间及天台等。

② 清洗所有公共设施设备及装置，包括电梯、电扶梯、各类管口、木器、金属制品、窗户、玻璃门、灭火器、照明设备、垃圾桶及烟灰缸等。

③ 所有公共地板打蜡。

④ 将废弃物收集及妥当处置。

⑤ 清理和疏通排水系统，以防堵塞。

⑥ 按照大楼经理／主管／组长的指示执行其他清洁任务或特别服务。

⑦ 所有在高空外墙工作之清洁员，必须配戴安全防护用具，违者一律给予纪律处分。

⑧ 所有清洁工具、用品均为大楼财物，如有不正当使用者，可能被疑为盗窃，外包厂商工具器材例外。

服务形式及费用

一、服务形式

1. 管理顾问服务

本公司将在被委任为物业管理顾问期间，定期与业主、建筑师、承建商及各有关单位举行会议，报告工作进度，检讨有关问题并提供专业意见。本公司建议服务期限从公司被委任开始至楼宇使用执照发放为止。

2. 实质管理服务

本公司将在楼宇使用执照发放后开始提供实质管理服务并直接对业主负责，派出管理人员进驻大楼提供建议书所确定的服务，并定期与业主举行会议，提交管理运作报告。本公司建议服务期限自楼宇使用执照发放开始，为期两年，两年合约期满则自动续约，或变动方提前三个月通知终止合约。

二、服务费用

1. 管理顾问服务

为使业主对本公司的服务质量树立信心，该阶段服务本公司将不收取费用。本公司相信该项服务对整项发展计划的物业管理会有积极的作用及帮助。

2. 实质管理服务

依据建议书所提供的实质管理服务（包括大楼管理、秩序维护管理、财务管理、维护管理等项目）。自委任期开始，公司将于每月在管理账户内收取人民币一万二千元整作为服务费，每十二个月再行议定费用。

结　论

深信贵业主从上述建议书内容中已深刻了解到本公司对参加本案的兴趣，并希望能有机会与贵业主合作从事极富挑战性及创意性的综合物业管理规划案。

若委任本公司为本项发展计划的物业管理经理人，本公司深具信心能胜任此职，原因有以下几点。

1. 本公司物业管理部员工对物业管理有丰富的实务经验，公司现代化的专业物业管理技术与运作策划都能满足贵业主的需求。

2. 本公司能依据贵业主的要求，为本项物业管理设计出一套周全完善的管理方案。

3. 本公司深信在建筑期内引进物业管理概念及专业顾问意见，对整项计划的功能效益及资金有效使用都有正面作用。本公司亦会于此阶段与建筑师及其他顾问共同合作以实现这一目标。

4. 依据以往经验及专业知识，如果一项发展计划能于开发建设期间融入物业管理策略及意见，则可避免日后发生重大管理问题或实质运作困难，对整项计划的经济效益也得益显著。

5. 由本公司提供的专业管理服务能保证贵业主投资物业的利益，因为通过上述服务，物业价值不仅不会因时间日久而降低，反而会因管理得当而提升，更可衬托出未来新物业的价值。

致礼

××物业服务企业
年　　月　　日

复习思考题

1. 物业管理投标书由哪些内容组成？
2. 投标人是根据招标文件的要求还是根据自己公司的要求编写投标书，为什么？
3. 分别解释一下教材中投标致函的六条要求的含义？
4. 假如自己是某住宅小区的业主，希望物业能提供哪些服务？
5. 物业管理投标书编写中应注意哪些问题？
6. 阅读一份投标书，加深对投标书的了解。

第六章

开标、评标与定标

第一节 开 标

一、开标的定义及方式

开标是指招标单位在规定的时间、地点，在有投标人出席的情况下，当众公开拆开投标资料（包括投标函件），宣布投标人（或单位）的名称、投标价格以及投标价格的修改的过程。

开标一般在公证员的监督下进行。近年来，中国国内开标方式有以下三种：

（1）在有招标单位自愿参加的情况下，公开开标，但当场不宣布中标结果；

（2）在公证员的监督下开标，确定预选中标户；

（3）在有投标单位自愿参加的情况下，公开开标，当场确定预选中标人。

招标企业可根据实际情况任选其中一种。

二、开标的基本过程

《招标投标法》第三十六条规定："开标时，由投标人或者其推选的代表检查投标文件的密封情况，也可以由招标人委托的公证机构检查并公证；经确认无误后，由工作人员当众拆封，宣读投标人名称、投标价格和投标文件的其他主要内容。招标人在招标文件要求提交投标文件的截止时间前收到的所有投标文件，开标时都应当当众予以拆封、宣读。开标过程应当记录，并存档备查。"

开标时，首先应该当众检查投标文件的密封情况；招标人委托公证机构的，可由公证机构检查并公证。一般情况下，投标文件是以书面形式、加具签字并装入密封信袋内提交的。所以，无论是邮寄还是直接送到开标地点，所有的投标文件都应该是密封的。这是为了防止投标文件在未密封状况下失密，从而导致相互串标，更改投标报价等违法行为的发生。只有密封的投标，才被认为是形式上合格的投标（即实质上是否符合招标文件的要求暂且不论），才能被当众拆封，并公布有关的报价内容。投标文件如果没有密封，或发现有曾被拆开过的痕迹，应被认定为无效的投标，应不予宣读。

为了保证投标人及其他参加人能够了解所有投标人的投标情况，增加开标程序的透明度，所有投标文件（指在招标文件要求提交投标文件的截止时间前收到的投标文件）的密封情况被确定无误后，应将投标文件中投标人的名称、投标价格和其他主要内容向在场者公开宣布。考虑到同样的目的，还需将开标的整个过程记录在案，并存档备查。开标记录一般应记载下列事项，并由主持人和其他工作人员签字确认：① 案号；② 招标项目的名称及数量摘要；③ 投标人的名称；④ 投标报价；⑤ 开标日期；⑥ 其他必要的事项。

三、废标的确定

开标时如果有下列情况之一,即视为无效标书。

(1)标书未密封。合格的密封标书,应将标书装入公文袋内,除袋口粘贴外,在缝口处用白纸条粘贴并加盖齐缝章。

(2)投标书(包括标书情况汇总表、密封签)未加盖法人印章和法定代表人或其委托代理人的签字(或印鉴)。

(3)标书未按规定的时间、地点送达。

(4)未按规定格式填写,内容不全或关键字迹模糊辨认不清,无法评估。

(5)标书情况汇总表与标书相关内容不符。

(6)标书情况汇总表经涂改后未在涂改处加盖法定代表人或其委托代理人的签字(或印鉴)。

(7)招标文件要求提交投标保证金,但在开标前没有递交投标保证金的金额、有效期少于招标文件规定的标书。

(8)投标人递交两份或多份内容不同的投标文件,或在一份投标文件中对同一招标项目报两个或多个报价,并且未声明哪一个有效,按招标文件规定提交备选投标方案的除外。

(9)投标人名称或组织机构与资格预审时不一致。

(10)联合体投标未附联合体各方共同投标协议的。

第二节 评 标

一、评标活动和评标委员会的组建

由于评标工作是人为因素影响最大的一个环节,因此评标委员会必须依法组建,并由招标管理机构监督。因为物业管理不属于依法必须招标的范围,因此,物业管理评标委员会的组成方法可根据招标单位招标项目的特点和自身人员的能力由招标人自主选择。招标单位可以组织内部成员组成评委会择优定标,也可以委托物业服务企业或中介代理公司组成评标委员会并根据招标文件的要求决定中标单位。

为了保证评标的公正性,防止招标人左右评标结果,评标工作最好不要由招标人或其代理机构独自承担,而应组成一个由招标人或其代理机构的必要代表和有关专家参加的委员会,负责依据招标文件规定的评标标准和方法,对所有投标文件进行评审,向招标人推荐中标获选人或者依据授权直接确定中标人。评标是一种复杂的专业活动,在专家成员中,技术专家主要负责对投标中的技术部分进行评审;经济专家主要负责对投标中的报价等经济部分进行评审;而法律专家则主要负责对投标中的商务和法律事务进行评审。为了减少招标人在选定评标专家时的主观随意性并提高评标专家的公正性,招标人可以采取随机抽取的方式从省级以上人民政府有关部门提供的专家库或招标代理机构的专家库中确定专家。与投标物业服务企业有利害关系的人不得进入评标委员会，已经进入的应当更换。评标委员会由具有高级职称的成员组成，并且人数在五人以上单数，其中专家人数不得少于成员总数的三分之二，成员名单在评标结果公示前必须保密。

二、评标办法和原则

评标委员会应当按照招标文件确定的评标标准和方法，对投标文件进行评审和比较，设有标底的，应当参与标底。招标文件中未规定的标准和评标办法不得作为评标的依据。招标文件中规定的评标标准和评标办法应当合理，不得含有倾向或者排斥潜在投标人的内容，不得妨碍或者限制投标人之间的竞争。

评标活动应遵循公平、公正、科学、择优的原则。任何单位和个人不得非法干预、影响评标的过程和结果。如果投标人试图对评标过程或授标决定施加影响，则会导致其投标被拒绝；如果投标人以他人名义投标、串通投标、以行贿手段中标或者以其他弄虚作假方式投标的，该投标人的投标应作为废标处理。招标人应采取必要的措施，保证评标秘密进行，在宣布授予中标人合同之前，凡属于投标书的审查、澄清、评价和比较及有关授予合同的信息，都不得向投标人或与该过程无关的其他人透露。

三、评标程序

评标的过程一般要经过初评、祥评和现场答辩评审阶段。初评又称作投标文件的复合性鉴定；祥评主要是对标书进行技术评估和商务评估；现场答辩评审阶段是在评标委员会对各投标单位送交的标书评议以后进行的，答辩的目的一是为了进一步了解标书的真实性、可操作性、客观性，二是对标书里的一些提法有疑问，甚至发现错误，有必要进一步澄清。根据物业管理的特点以及当前中国物业管理市场化的情况，决定评标的项目为投标书、物业现场答辩、企业信誉三大项，现在又有将公共服务费报价列入评标项目的趋势。

（一）初步评审

初步评审，即投标文件的符合性审查。初审的目的，是为了从所有标书内筛选出符合最低要求的合格标书，淘汰那些基本不合格的标书，以免在详评阶段浪费时间和精力。初审的内容是检查投标文件是否实质上响应招标文件的要求，评审标准是投标文件应该与招标文件的所有条款、条件规定相符，无显著差异或保留。初审一般包括如下内容。

1. 投标文件的完整性

投标文件是否包括了招标文件中规定应递交的全部文件，例如，是否按要求提交了整体策划、管理方式计划、人员配备、管理规章制度、各项指标承诺、社区文化、经费收支预算、职能管理、维修养护等招标文件要求的所有内容和相应的资料。如果缺少一项内容，则无法进行客观、公正的评价，只能按废标处理。另外，如果招标文件要求递交必要的支持文件和资料，应按要求提供。

2. 投标文件的有效性

评标过程中，投标文件涉及以下情况的为废标。

（1）评标委员会发现投标人以他人的名义投标、串通投标、以行贿手段中标或者以其他弄虚作假方式投标的，该投标人的投标应作为废标处理。

（2）在评标过程中，评标委员会发现投标人的公共服务费用报价明显低于其他投标报价或者在设有标底时明显低于标底，使得其报价可能低于其成本的，应当要求该投标人做出书面说明并提供相关证明材料。投标人不能合理说明或者不能提交相关证明材料的，由评标委员会认定该投标人以低于成本报价竞标，其投标应作废标处理。

（3）评标委员会应当审查每一个投标文件是否对招标文件提出的所有实质性要求和条件做出响应。未能在实质上响应的投标，应作废标处理。评标委员会应根据招标文件，审查并逐项列出投标文件的全部投标偏差。

总之，可以书面方式要求投标人对投标文件含义不明确、对同类问题表述不一致或者有明显文字和计算错误的内容作必要的澄清、说明或者补正。澄清应以书面方式进行并不得超出投标文件的范围或者改变投标文件的实质性内容。评标委员会不得向投标人提出带有暗示性或诱导性的问题，或向其明确投标文件中的遗漏和错误。投标人资格条件不符合国家有关规定和招标文件要求的，或者拒不按照要求对招标文件进行澄清、说明或者补正的，评标委员会可以否决其投标。

评标委员会根据规定否决不合格投标或者界定为废标后，因有效投标不足三个使得投标明显缺乏竞争的，评标委员会可以否决全部投标。

投标人少于三个，或者有效投标不足三个使得投标明显缺乏竞争的，或者最低评标价大大超过标底或合同估价，招标人无力接受，评标委员会决定否决所有投标的，应当宣布此次招标失败，招标人可以选择依法重新招标、调整招标方式或不再进行招标。因招标人的原因使投标人蒙受损失的，招标人应当承担缔约过失责任。

3. 报价计算的正确性

由于只是初步评审，不详细研究目标物业各部分报价金额是否合理、准确，仅审核报价是否有计算或累计上的算术错误。若出现的错误在规定的允许范围内，由评标委员会予以改正，并请投标人签字确认。经投标人确认同意后，改正后的报价对投标人起到约束作用。如果投标人不接受改正后的投标报价，其投标将被拒绝，其投标保证金将被没收。当错误值超过允许范围时，按废标对待。

修正计算错误的原则如下：投标文件中用数字表示的数额和用文字表示的数额不一致时，以文字数额为准；总价金额与单价金额不一致的，以单价金额为准，但单价金额小数点有明显错误的,应以总价为准,并修改单价。对不同文字文本投标文件的解释发生异议的,以中文文本为准;副本与正本不一致的,以正本为准。

经过初审,只有合格的投标文件才有资格进入下一轮的详评。评标委员会应当按照投标报价的高低或者招标文件规定的其他方法对投标文件排序。以多种货币报价的,应当按照中国银行在开标日公布的汇率中间价换算成人民币。招标文件应当对汇率标准和汇率风险做出规定,未作规定的,汇率风险由投标人承担。一般情况下,评标委员会将对新名单中的前几名作为初步备选的潜在中标人和详评阶段的重点考虑对象。

(二)详细评审

经初步评审合格的投标文件,评标委员会应当根据招标文件确定的评标标准和方法,对其技术部分和商务部分作进一步评审、比较。详评的重点是评定投标人准备如何管理目标物业,因此应该围绕投标文件中有关管理方案、管理质量、人员素质、报价的合理性等方面进行详细评定和比较。

1. 技术评估

技术评估的目的是确定和比较投标人完成目标物业服务的技术能力以及它的可靠性。技术评估的主要内容可以归纳为以下几个方面。

(1)管理方案的合理性。物业管理最重要的就是管理水平,因此在评标时应着重考虑投标企业的管理计划与措施是否恰当、管理机构的设置是否合理、技术力量的拥有程度、规章制度的完善程度、管理标准的定位准确与否、物业维修养护计划制订的是否先进可行等,这些都直接影响到服务费用和工作效率的高低以及物业管理的质量优劣。

(2)服务质量的优劣性。目前,物业服务企业是否通过 ISO9000 或 ISO9002 标准已成为评价一个物业服务企业管理服务水平高低的重要标志。为了全面了解物业服务企业的服务质量,评委可以通过物业服务企业以前的管理水平和业绩资料来考察。即通过对物业服务企业正在管理的物业服务质量加以考察,对标书中的各项指标的承诺及为完成该承诺指标所采取的措施、对房屋和设备设施的保养和检修水平、技术力量的配备等方面加以分析。

(3)人员素质的高低。物业管理作为服务性行业,其特质就对从事物业管理工作的管理者和操作者的素质提出了一定的要求。物业服务企业要想提供完善的服务,除具有良好的运作体系外,还需拥有足够数量的具有物业管理经验的经理、工程师、培训人员、质检员、维修人员等各类配套的专业技术人才。物业服务企业人员的素质具体体现在业务水平、敬业精神和精神风貌几个方面。

(4)企业信誉的高低。企业信誉的高低对于物业服务企业中标后是否毁约、能否适当履行合同和管理好物业有很大关系,所以它已经成为各类物业管理评标中的一个十分重要的因素。

一个具有良好社会信誉的物业服务企业应具有以下几个特征:① 无投诉记录;② 所

管住宅小区被评为全国或省市优秀物业管理小区；③ 所管出租物业的租金和出租率高于同类物业同期水平；④ 接受某物业的管理后一直未被解聘；⑤ 社会反映良好。

招标单位可以通过以下两种途径来得到评委判断物业服务企业信誉的资料。① 开标前，招标单位到投标企业目前所开展的物业服务项目，采用问卷的形式随机调查一定户数，以各户答卷分汇总平均分作为投标单位该项得分。问卷分项内容与招标文件中的评分办法规定的内容相一致，一般包括安全保卫、环境绿化、卫生保洁、维修维护、便民服务、服务质量、社区文化、综合评价等内容。② 招标单位通过主管物业管理行业的政府有关部门，例如，房地局、物价局、工商局等对某一物业服务企业的评价来判断该公司的企业信誉。

2. 商务评估

商务评估不仅是从服务成本和经验等方面对各标书进行报价数额的比较，还要对价格各部分组成比例和合理性进行评价。分析投标报价的目的在于鉴定各投标价的合理性、准确性、经济效益和风险等，并找出报价高与低的主要原因，比较授标给不同的投标人产生的不同后果。

3. 其他评审

（1）审查优惠条件的实用价值。分析如果从优惠条件方面考虑授标给该投标单位，在其他方面可能存在的风险。对于划分有多个单项合同的招标物业项目，招标文件允许投标人为获得整个项目合同而提出优惠条件，评标委员会可以对投标人提出的优惠进行审查，以决定是否将招标项目作为一个整体合同授予中标人。将招标项目作为一个整体合同授予的，整个合同中标人的投标应当最有利于招标人。招标文件中没有列入的价格和优惠条件在评标时不予以考虑。

（2）对合同文件某些条款修改建议的采用价值。当物业服务企业采用多方案报价时，审查采用投标人提出修改双方某些权力、义务条款后，能降低报价的经济价值和可能带来的风险。

（三）现场答辩评审

一般来说，各投标单位答辩人限于经理、管理处两人。答辩时由投标企业答辩人介绍本公司的基本情况、管理业绩及投标书的主要内容，再由评委进行提问，提问内容限于标书和拟管理物业的管理事项。根据答辩评分标准以及答辩人的仪容仪表、时间掌握、语言简练、逻辑性强、回答准确、情况熟悉、工作思路及综合印象等项内容由评委评出答辩分。

四、详细评审的方法

评标的方法很多，有繁有简，究竟采用哪种方法应根据招标项目的复杂程度、专业特点等来决定。目前，物业管理的评标多采用以下几种方法。

（一）最低投标价法

最低投标价法一般适用于具有通用技术、性能标准或者招标人对其技术、性能没有特殊要求的招标项目。根据经评审的最低投标价法，能够满足招标文件的实质性要求，并且经评审的最低投标价的投标，应当推荐为中标候选人。采用经评审的最低投标价法的，评标委员会应当根据招标文件中规定的评标价格调整方法，对所有投标人的投标报价以及投标文件的商务部分作必要的价格调整。采用经评审的最低投标价法，中标人的投标应当符合招标文件规定的技术要求和标准，但评标委员会无需对投标文件的技术部分进行价格折算。根据评审的最低投标价法完成详细评审后，评标委员会应当拟定一份"标价比较表"，连同书面评标报告提交给招标人。"标价比较表"应当载明投标人的投标报价、对商务偏差的价格调整和说明以及经评审的最终投标价。

（二）综合评估法

不宜采用经评审的最低投标价法的招标项目，一般应当采取综合评估法进行评审。根据综合评估法，最大限度地满足招标文件中规定的各项综合评价标准的投标，应当推荐为中标候选人。衡量投标文件是否最大限度地满足招标文件中规定的各项评价标准，可以采取折算为货币的方法、打分的方法或者其他方法。需量化的因素及其权重应当在招标文件中明确规定。 评标委员会对各个评审因素进行量化时，应当将量化指标建立在同一基础或者同一标准上，使各投标文件具有可比性。对技术部分和商务部分进行量化后，评标委员会应当对这两部分的量化结果进行加权，计算出每一投标的综合评估价或者综合评估分。根据综合评估法完成评标后，评标委员会应当拟定一份"综合评估比较表"，连同书面评标报告提交给招标人。"综合评估比较表"应当载明投标人的投标报价、所作的任何修正、对商务偏差的调整、对技术偏差的调整、对各评审因素的评估以及对每一项投标的最终评审结果。

（三）两阶段评标法

所谓两阶段评标法，指要求投标单位在投标时将技术标设为暗标，并且技术标和商务标应分开，技术标暗标内不能出现投标单位的有关情况，否则取消投标资格。在技术标评标阶段，一般由评标委员会对各物业服务企业根据目标物业的定位而制订的管理服务方案进行评定、打分。技术投标未通过者，商务标原封不动地退还给投标人；投标单位技术标获通过后方可进入第二阶段商务标的竞争，即评审管理服务收费的标准，最后确定中标单位。对商务标（报价）的评定方法，应事先在招标文件中确定，通常有三种方法：① 以最低收费标准为商务标得分最高者；② 把进入第二轮角逐的所有物业服务企业报价的算术平均数作为基准价，报价越接近基准价者，商务标得分越高；③ 把进入第二轮角逐的所有物业服务企业有效报价的算术平均数与标底依照招标文件中确定的权重比例计算出标底合成价，报价越接近合成价者，商务标得分越高。

虽然评标分为两个阶段进行，但两者又是不可分割的整体，一般技术标和商务标的总分为 100 分。如何在技术水平与报价之间权衡，通过评标选出满意的物业管理者，主要体现在招标文件中确定的技术标和商务标的权重，这主要由招标人依据目标物业的特点和招标人自身的偏好来确定。

两阶段评标法对那些把价格压得很低、服务管理质量措施不到位、策划不合理的物业服务企业，在开技术标时就会被淘汰，从而有效地找到了招标人在高水平服务与低收费标准之间的最佳切入点。两阶段评标法比一次评标更科学，他将引导物业服务企业把目标首先定在管理服务的水平和质量上，然后再考虑收费标准。这样做一方面更有利于招标人择优，另一方面对推动物业管理的健康发展更为合适、合理和科学。

五、评标报告的编写

评标委员会完成评标后，应当向招标人提出书面的评标报告，并推荐合格的中标候选人。评标报告是指评标委员会经过对各投标书评审后向招标人提出的结论性报告，作为定标的主要依据。

评标报告应当如实记载以下内容：① 基本情况和数据表；② 评标委员会成员名单；③ 开标纪录；④ 符合要求的投标一览表；⑤ 废标情况说明；⑥ 评标标准、评标方法或者评标因素一览表；⑦ 经评审的评分比较一览表；⑧ 经评审的投标人排序；⑨ 推荐的中标候选人名单与签订合同前要处理的事宜；⑩ 澄清、说明、补正事项记要。

评标报告由评标委员会全体成员签字。对评标结论持有异议的评标委员会成员可以以书面方式阐述其不同意见和理由。一般来说，评标委员会成员拒绝在评标报告上签字且不陈述不同意见和理由的，视为同意评标结论。评标委员会应当对此做出书面记录。向招标人提交书面评标报告后，评标委员会即告解散。评标过程中使用的文件、表格以及其他资料应当即日归还招标人。评标委员会推荐的中标候选人应当限定在 1~3 人，并标明排列顺序。

招标文件应当载明投标有效期，投标有效期从提交投标文件截止日期计算。评标和定标应当在投标有效期结束日后 30 个工作日前完成。不能在投标有效期结束日后 30 个工作日前完成评标和定标的，招标人应当通知所有投标人延长有效期。拒绝延长投标有效期的投标人有权收回投标保证金。同意延长投标有效期的投标人应当相应延长其投标担保的有效期，但不得修改投标文件的实质性内容。因延长投标有效期造成投标人损失的，招标人应当给予补偿，但因不可抗力因素延长投标有效期的除外。

第三节 定 标

一、定标的程序

（一）进行决标前谈判

在评标委员会提交评标报告后，招标人通常还要与评标报告推荐的几名潜在中标人就目标物业管理过程中的有关问题谈判，然后再决定将合同授给哪位投标人。虽然招标文件已经对投标文件内容作了明确规定，投标人也在投标文件中表示愿意遵守，但双方都愿意有个谈判的过程来进一步阐述各自的观点。从招标人方面看，一般基于两个原因希望谈判：一是发现标书中某些建议（包括技术建议和商务建议）是可以采纳的，有些也可能是其他投标人的建议，招标人希望备选的中标人也能接受，需要同他讨论这些建议的实施方案；二是为进一步了解和审查备选中标人的管理策划和各项技术措施是否科学、可行。在实践中，有些招标人认为总体上可以接受投标报价，但仍发现有不够合理的地方，希望通过谈判来压低报价额使之成为正式的合同报价。但是，根据《招投标法》第四十三条的规定，"在确定中标人前，招标人不得与投标人就投标价格、投标方案等实质性内容进行谈判"。因此，这种谈判是不允许的。

（二）确定中标人

招标人应当依据招标文件中的定标原则确定中标人。严格来说，招标人应当确定排名第一的中标候选人为中标人。如果排名第一的中标候选人放弃中标、因不可抗力因素提出不能履行合同，或者招标文件规定应当提交履约保证金而在规定的期限内未能提交的，招标人可以确定排名第二的中标候选人为中标人。排名第二的中标候选人因上述的同样原因不能签订合同的，招标人可以确定排名第三的中标候选人为中标人。国家对中标人的确定另有规定的，从其规定。

（三）发出中标通知书

中标人确定后，招标人应当向中标人发出中标通知书，同时将中标结果通知所有未中标的投标人。中标通知书表明招标人对中标人就物业服务的要约（投标行为）做出了承诺，因而它对招标人和中标人都有法律效力。中标通知书发出后，招标人改变中标结果或者中标人放弃中标项目的，应当依法承担法律责任。

（四）招标人与中标人签订合同

中标人接到中标通知书后，就成为该物业管理的受托人，应在自中标通知书发出之日后 30 日内，按照招标文件和中标人的投标文件订立书面物业服务合同，不能再行订立背离合同实质内容的其他协议。招标文件要求中标人提交履约保证金的，中标人应当提交。招标人与中标人签订合同后，应当向中标人和未中标人退还投标保证金。招标人全部或部分使用非中标单位投标文件中的技术成果或技术方案时，须征得其书面同意，并给予一定的经济补偿。

二、中标人的法定义务

（一）按照合同的约定履行义务，完成中标项目

这与中国《合同法》第六十条关于"当事人应当按照约定全面履行自己的义务"的规定是一致的。根据这一要求，中标人必须全面履行合同，不能部分履行、拒绝履行、履行延迟、瑕疵履行，不得撕毁合同。

（二）不得向他人转让中标项目，也不得将中标项目肢解后分别向他人转让

广义的转包合同包括债权让与、债务承担、债权债务的概括转移。此处所指的转让中标项目，仅指全部债权债务的概括转移，是指当事人一方将自己在合同中的权利和义务一并转让给第三人，其实质为转包。根据合同法的有关规定，转让合同须经对方当事人同意，但有下列情形之一的，不得转让合同：① 根据合同性质不得转让；② 按照当事人约定不得转让；③ 按照法律规定不得转让。由于招标人通过招标方式确定中标人时，除价格因素外，主要考虑的是中标人的个人履约能力；同时为了防止中标人通过层层转让合同坐收渔利，确保项目服务质量，因而做出此规定。将中标项目肢解成小部分后分别向他人转让，只是转包的一种"零售"形式，本质上仍属转包，因而也在禁止之列。

（三）应遵守中标项目分包的限制性规定

所谓分包，是指当事人一方将自己在合同中的一部分权利义务转让给第三人，即部分债权债务的概括转移。由于中标人并不一定对完成某部分工作具有一定优势，如果将该部分分包给有优势的第三人，对招标人不仅无害反而有利，所以法律一般不禁止招标人同意或者按照合同约定的分包合同。不过，对中标人的分包合同作了如下一些限制：

（1）中标人按照合同约定或者经招标人同意，只能将中标项目的部分非主体、非关键性工作分包给他人完成；
（2）接受分包的人应当具备相应的资格条件；
（3）接受分包的人不得再次分包；
（4）接受分包的人应就分包项目承担连带责任。

复习思考题

1. 开标时，在哪些情况下标书算是废标？评标时，在哪些情况下标书算是废标？
2. 案例分析

某投标物业服务企业将技术标和商务标分别封装，在封口处加盖本单位公章和某管理处主任签字后，在投标截止日期前一天上午将投标文件报送业主。次日（即投标截止日当天）下午，在规定的开标时间前1小时，该投标单位又递交了一份补充材料，其中声明将原报价降低4%。但是，招标单位的有关工作人员认为，根据国际上"一标一投"的惯例，一个投标单位不得递交两份投标文件，因而拒收投标单位的补充材料。

开标会由市招投标办的工作人员主持，市公证处有关人员到会，各投标单位代表均到场。开标前，市公证处人员对各投标单位的资质进行审查，并对所有投标文件进行审查，确认所有投标文件均有效后，正式开标。主持人宣读投标单位名称、投标价格、投标质量等级和有关投标文件的重要说明。

从所介绍的背景材料来看，该物业项目招标程序中存在哪些问题？请分别做简单说明。
3. 评标和定标的程序各是什么？如何确定中标人？
4. 中标人的法定义务有哪些？

第七章

物业服务合同的签订与管理

第一节 物业服务合同的签订

一、物业服务合同的概念

物业服务合同是指在物业管理活动中,物业服务企业或专业服务企业通过参与招标活动接受委托从事物业管理服务,为保证物业管理活动顺利实施并实现物业管理服务目的,与委托人签订的明确双方民事权利、义务并共同遵守的协议。物业服务合同是房地产开发商或业主大会与物业服务企业所签订的,由物业服务企业提供物业管理服务的合同。

物业服务合同是确立委托人(建设单位或业主)与物业服务企业在物业管理活动中的权利、义务的法律依据。物业服务企业通过合同获得物业管理的权利,为全体业主提供服务。根据合同,物业服务企业提供相应的服务,而业主要支付对应的物业服务费用。物业服务企业和业主之间是民事合同的双方当事人,是平等的法律主体关系,享有相应的权利和义务,适用民事法律关系的平等、自愿、公平、等价有偿和诚实信用等基本原则。

物业服务合同有两种情况:一是新建物业的房地产开发商与物业服务企业签订的前期物业服务合同;二是业主委员会与物业服务企业签订的物业服务合同。

二、物业服务合同的特征

(1)物业服务企业以房地产开发商或业主委员会的名义和费用处理物业管理事务。因此,物业服务企业因处理物业管理事务(如房屋维修、设备保养、治安保卫、消防安全、清洁卫生、园庭绿化等)所支出的必要费用,应由房地产开发商或业主承担。

(2)物业服务合同是有偿的。也就是说,房地产开发商或业主不但要支付物业服务企业在处理委托事务中的必要费用,还应支付给物业服务企业一定的酬金。

(3)物业服务合同的订立是以当事人相互信任为前提的。任何一方通过利诱、欺诈、蒙骗等手段签订的合同,一经查实,可依法起诉,直至解除合同关系。

(4)物业服务合同的内容必须是合法的,应体现当事人双方的权利、义务的平等,不得与现行物业管理法规相抵触,否则,合同将不受法律保护。

(5)物业服务合同既是诺成性合同又是双务合同。物业服务合同自双方达成协议时成立,故为诺成性合同;合同的双方都负有义务,故为双务合同。

三、物业服务合同的签订

1. 订立物业服务合同应遵循的基本原则

(1)平等原则。合同当事人的法律地位平等,一方不得将自己的意志强加给另一方。

(2)合同自由原则。当事人依法享有自愿订立合同的权利,任何单位和个人不得非法干预。

(3) 公平原则。物业服务合同属双务合同，任何一方当事人都既要享有权利，也要承担相应义务，权利义务要对等。

(4) 诚实信用原则。该原则体现了社会主义精神文明和道德规范的要求。当事人在订立物业服务合同时，不得有任何欺诈行为。

(5) 合法性原则。当事人订立物业服务合同，应当遵守法律、行政法规，尊重社会公德，不得扰乱社会经济秩序，损害社会公共利益。

2. 订立物业服务合同的程序

订立物业服务合同的过程包含要约与承诺两个阶段。①要约是希望和他人订立合同的意思表示，该意思表示应具体明确，即必须包含将来合同的主要条款和让一般人理解其真实含义，同时要表明经受要约人承诺，要约人即受该意思表示约束。合格的物业服务企业、特定的业主（开发建设方、公房出售单位）、业主委员会都可以提出要约。②承诺是受要约人同意要约的意思表示。承诺是以接受要约的全部条件为内容，一般不得对要约内容再作限制、扩张、变更的意思表示。但因要约中的合同条款分为实质性条款和非实质性条款，如果在承诺的同时，更改要约的条款属于实质性条款，则视为对要约的拒绝并发出了新的要约；如果更改要约内容的条款属于非实质性条款，是对要约的非实质性变更，除非要约人及时反对，否则该项承诺为合格承诺。

3. 物业服务合同的成立

法定物业服务合同应当采用书面形式并在签约后报行政主管部门备案，因此，它不是在承诺生效时成立，而是在当事人双方签字或盖章时成立。双方当事人签字或盖章的地点为合同成立的地点。

4. 有关解决争议条款的选择

在签订物业服务合同时，对双方当事人在履行合同中可能发生争议的解决方法进行明确的约定，是非常必要的。通常解决争议的方法有协商、调解、仲裁或诉讼。协商、调解与仲裁或诉讼可以并用，但仲裁与诉讼是相互排斥的，不可以同时约定。

在解决合同争议方面，仲裁比诉讼具有更多优点，主要表现在以下几方面。

(1) 自愿性。当事人之间的纠纷，是否将其提交仲裁、交与谁仲裁、仲裁庭的组成人员如何产生、仲裁适用何种程序规则，都是在当事人自愿的基础上，由当事人协商确定，故仲裁充分体现了当事人意思自治的原则。

(2) 专业性。各种仲裁机构大都具有分专业的仲裁员名册，供当事人选定仲裁员，而仲裁员一般都是各行各业的专家。

(3) 灵活性。仲裁的灵活性很大，在程序上不像诉讼那样严格，程序灵活。

(4) 保密性。仲裁一般以不公开审理为原则，并且各国有关的仲裁法律规则都规定了仲裁员及仲裁秘书的保密义务,具有极强的保密性。

(5) 快捷性。由于仲裁实行一裁终局制,不像诉讼那样实行两审制,这样就有利于当事人之间纠纷的迅速解决。

(6) 经济性。首先由于时间上的快捷性,费用也就相应地节省了;其次,仲裁的收费一般要比诉讼费低一些。

四、物业服务合同的终止

物业服务合同因下列原因而终止。

(1) 物业服务合同约定的物业管理服务期限届满,双方又没有续签合同的。

(2) 物业服务企业或业主委员会解除合同的。物业服务企业或业主委员会在下列条件下可以解除合同:① 双方协商一致;② 物业服务合同中约定了一方解除合同的条件,当解除合同的条件具备时,解除权人有权解除合同。

(3) 物业服务企业没有达到物业管理要求,经限期整改逾期仍未达到要求,业主委员会有权终止合同。

(4) 业主委员会严重违反合同约定,致使物业服务企业无法对物业进行有效管理的,物业服务企业有权解除合同。例如,众多业主拒不支付物业管理费用,业主委员会不予协助解决,物业服务企业有权解除合同;业主委员会没有按合同提供进行物业管理的必要条件,致使物业服务企业无法接管物业的,物业服务企业有权解除合同。

(5) 因不可抗力致使物业服务合同的目的无法实现的。例如,合同约定的物业管理区域因战争、地震、火灾等原因失去使用功能的,物业服务合同自然终止。

(6) 其他法律、法规规定当事人一方有权解除合同的情形。

此外,物业服务企业如果被宣告破产,物业服务合同自然无法继续履行,业主委员会可以终止合同的履行,并要求物业服务企业的破产清算小组移交物业管理的有关资料、基金、财产;业主从应支付而尚未支付的物业管理费用中扣除有关费用后,也应当向物业服务企业的破产清算小组清偿。

业主转移物业的所有权、业主委员会的改选都不影响物业服务合同的效力。业主转移物业的所有权时,应当将物业服务合同作为房屋转让合同的一个附件,出让者应告诉受让者有关物业管理费用的支付情况和其他相关物业管理情况。

五、签订物业服务合同的注意事项

业主委员会在和物业服务企业签订《物业服务合同》时应注意以下几点。

1. 明确委托物业服务的内容、范围和期限

由于现在专业分工的细化,出现了专业提供某一项服务的物业服务企业,所以在服务

合同里一定要明确物业服务企业是管理小区全部的物业工作，还是只负责某一项服务内容。如果约定不明，会带来很多不必要的麻烦。例如，某小区业主委员会通过招标聘用了一家物业服务企业，委托其管理小区的全部物业内容。而该企业在接手以后，除了物业服务费用是自己收取外，其余的物业服务内容全部以低价委托给其他没有业务的物业企业，来赚取其中的差价。而受委托的物业企业以低价承接该业务后，由于成本的原因，只能降低服务的内容和标准。如果业主委员会在服务合同里没有约定详细的服务标准，也没有约定该物业服务企业不得将服务内容转委托给第三方，那么由于该物业服务企业这种做法没有违反法律规定和合同约定，业主只能是白受损失。所以如果业主委员会是看中了某家物业服务企业的品牌和服务质量，那就要在服务合同中约定详细服务内容和具体的服务标准，并且约定该公司不得将服务内容转委托给第三方，否则承担相应的违约责任。这样才能避免业主花高价买低质服务的情况。

2. 对违约责任的约定

要在服务合同里明确物业服务企业违反约定应承担的违约责任，约定的责任要具有实用性和可操作性，不要约定成一些大而空的法规内容。特别是对提前解聘的物业服务企业不及时退出的情况，虽然新的《物业管理条例》规定了国家行政机关对其处罚的内容，但是它弥补不了给业主带来的实际损失，所以一定要约定如果出现这种情况，物业服务企业每拖一天就要承担一天的违约金，这样才能有效保护全体业主的利益。

3. 明确业主委员会的权利和义务

除了《物业管理条例》规定的业主委员会拥有的权利外，其他一些权利，也应在服务合同里更具体地约定。例如，由业主委员会收取物业服务费用后转交给物业服务企业、物业服务企业应为业主委员会提供相应的办公场所、业主委员会的主要领导人可以从物业服务费用中提取补贴、业主委员会对物业服务企业服务质量有权提出意见并可要求其限期整改等内容。同时，业主委员会应承担相应的义务，督促业主按时交纳物业服务费用，积极配合物业服务企业工作，尊重物业服务企业专业化的管理方式和措施等。

4. 明确物业服务企业的权利和义务

本着权利和义务对等的原则，在赋予物业服务企业管理整个小区日常事务权利的同时，也要明确物业服务企业所承担的义务，并且尽可能地明确责任。例如，保安失职导致业主物品被盗，物业服务企业应承担赔偿责任；物业服务企业在使用物业服务费用时，必须有明确的记录并向业主委员会公开账目等。

第二节 物业服务合同的管理

一、物业服务合同的主要内容

（一）物业服务合同的内容和服务事项

1. 物业服务合同应载明的内容

物业服务合同应当载明下列主要内容：① 合同双方当事人的名称、住所；② 物业管理区域的范围和管理项目；③ 物业管理服务的事项；④ 物业管理服务的要求和标准；⑤ 物业管理服务的费用；⑥ 物业管理服务的期限；⑦ 违约责任；⑧ 合同终止和解除的约定；⑨ 当事人双方约定的其他事项。

前期物业服务合同的聘请人是房地产开发商。一般物业服务合同的聘请人是业主委员会，业主委员会作为业主大会的执行机构，经业主大会授权，与物业服务企业签订物业服务合同。业主委员会的住所是业主委员会所使用的办公场所。

受聘人是物业服务企业，物业服务企业经工商行政登记后经物业管理的行政主管部门核准取得从事物业管理的资质证书，得以在资质证书的核准范围内接受聘请。物业服务企业的住所，应当是物业服务企业经工商核准登记时的住所。

物业管理的区域一般与组成业主大会拥有的物业的范围相一致。一个业主委员会所属的物业一般只能聘请一个物业服务企业进行管理。

2. 物业管理服务事项

物业服务合同中当事人应当约定的物业管理服务事项包括：① 物业共用部位、共用设施设备的使用、管理、维修和更新；② 物业管理区域内公共设施的使用、管理、维修和更新；③ 电梯、水泵等房屋设备的运行服务；④ 保洁服务；⑤ 保安服务；⑥ 物业维修、更新费用的账务管理；⑦ 物业档案资料保管。

物业服务合同除了应当约定的管理服务事项外，还可以约定下列服务事项：① 业主或物业使用人的自用部位和自用设备的维修、更新；② 业主大会授权的其他物业管理事项。

3. 物业管理的要求和标准的确立方式

物业管理的要求和标准主要可以通过以下方式确立：① 应当符合政府物业主管部门和专业部门（消防、劳动保护、市政、环卫）确定的标准；② 应当达到合同所约定的要求。

物业管理的费用采取公共性服务收费、公共代办性收费、特约服务收费等不同的收取方式。公共性服务收费、公共代办性收费实行政府定价或政府指导价，特约服务收费实行经营者定价。物业服务合同约定的收费，不能违反法律、法规的强制性规定。

物业管理期限由双方约定，但一些地方对物业管理的期限也作出了明确的规定。

物业服务合同中约定的违约责任主要有以下几个方面。

（二）物业服务合同中的违约责任

1. 物业服务企业的违约责任

（1）物业服务企业没有达到合同约定或法律、法规规定的物业管理要求，业主委员会可以要求物业服务企业限期整改或一并要求物业服务企业赔偿损失；逾期仍未达到要求，业主委员会有权终止合同，并要求物业服务企业赔偿损失。

（2）物业服务企业擅自提高收费标准的，业主方面（包括业主委员会和单个的业主、非业主使用人）可以要求物业服务企业清退。

（3）物业服务企业使用或保管业主财产不当，给业主造成损失的，物业服务企业应当承担赔偿责任。

（4）物业服务企业无正当理由，提前终止合同的，应当赔偿业主的损失。

2. 业主方面的违约责任

（1）业主无法定理由，没有依照合同支付物业管理费用的，应当支付物业管理费用及其滞纳金，业主委员会也应当根据合同的约定，负责催交或以其他合同约定的方式偿付。

（2）业主委员会没有按合同约定归集并向物业服务企业提供物业管理所需的图纸、档案、资料的，如果因此给物业管理带来不利的，物业服务企业不承担责任，如果因此给物业服务企业带来其他损失的，业主委员会应当承担赔偿责任。

二、前期物业服务合同与物业服务合同

前期物业服务合同是物业管理区域内的业主委员会成立之前，物业的房地产开发商选聘物业服务企业管理物业，并与物业服务企业签订的物业服务合同。与一般的物业服务合同相比，前期物业服务合同具有以下特征。

1. 合同主体不同

前期物业服务合同由物业管理区域的房地产开发单位与物业服务企业签订，一般的物业服务合同由业主委员会与物业服务企业签订。物业竣工之后，由于出售率或入住率未达到法定成立业主大会条件的，只能由房地产开发单位选聘物业服务企业管理。

2. 合同期限不同

一般而言，前期物业服务合同的期限不长，而一般物业服务合同期限较长，并且约定了延展期限；如果在前期物业服务合同约定的物业管理期限内，业主委员会成立了，而业主委员会对前期物业服务合同中约定的物业服务企业的管理不满，并有充足理由，可以提

前解除合同。

实践中在前期物业服务合同中出现的问题主要是，前期物业服务合同由房地产开发单位和物业服务企业签订，业主对这一合同无法表达意见。而当业主陆续入住，业主大会、业主委员会等业主自治机构却没有运转起来，原来进行前期物业管理的物业服务企业继续对物业管理进行管理，如果前期物业服务合同约定的物业管理费用较高，或物业服务企业的物业管理服务不佳，则业主和使用人的利益就将受损。当前，政府主管部门应当加强对前期物业服务合同的审查，并对前期物业管理费用的期限、费用支付方等作出明确规定并监督实施，同时对前期物业服务合同向一般物业服务合同的转化过程予以监督，支持业主自治的落实。

三、物业服务合同的作用

（1）用合同的形式清楚地界定、明确委托方和受托方的权利、责任和义务。将需要管理的小区（大厦）的管理范围、内容、服务深度和委托管理的年限等基本内容等以法律文件加以明确。

（2）为实施物业管理过程中双方出现的大的争议和纠纷提供调解、仲裁直至诉讼的基本依据。

（3）在约束物业服务企业经营行为和管理行为的同时，对业主管理委员会也提出要求，实现了委托方和受托方的权、责、利对等。从而有利于最大限度地发挥物业服务企业的积极性，有利于良好的人居、办公环境的营造。

四、物业服务合同的执行

物业服务合同一经双方签署即具有法律效力，当事人应认真执行。要恪守和履行合同中规定的相关的权利和义务。在执行中遇有一方无故或借故不履行合同的（如拖欠、迟付管理费用或其他费用；对物业管理不够尽责，维修、消防等不到位而引发事故的）要依合同向对方追究违约责任及要求对方承担由此而造成的经济损失。依照协商、调解、仲裁直至诉讼的程序寻求法律的帮助和解决。对遇有不可抗力而影响管理行为实施或造成经济损失的，要依照合同中关于不可抗力的界定及不可抗力发生所带来损失责任的分摊的相关条款执行。如果合同中未含上述条款则由双方根据实际情况协商解决。

第三节　物业服务合同示范文本

（一）前期物业服务合同

甲方：＿＿＿＿＿＿＿＿＿＿＿＿；
法定代表人：＿＿＿＿＿＿＿；

住所地：＿＿＿＿＿＿＿＿＿＿＿＿；
邮编：＿＿＿＿＿＿＿＿＿＿＿＿。

乙方：＿＿＿＿＿＿＿＿＿＿＿＿；
法定代表人：＿＿＿＿＿＿＿＿＿＿＿＿；
住所地：＿＿＿＿＿＿＿＿＿＿＿＿；
邮编：＿＿＿＿＿＿＿＿＿＿＿＿；
资质等级：＿＿＿＿＿＿＿＿＿＿＿＿；
证书编号：＿＿＿＿＿＿＿＿＿＿＿＿。
根据《物业管理条例》和相关法律、法规、政策，甲乙双方在自愿、平等、协商一致的基础上，就甲方选聘乙方对＿＿＿＿＿＿＿＿＿＿＿＿（物业名称）提供前期物业管理服务事宜，订立本合同。

第一章　物业基本情况

第一条　物业基本情况：
物业名称＿＿＿＿＿＿＿＿＿＿＿＿；
物业类型＿＿＿＿＿＿＿＿＿＿＿＿；
座落位置＿＿＿＿＿＿＿＿＿＿＿＿；
建筑面积＿＿＿＿＿＿＿＿＿＿＿＿。
物业管理区域四至：
东至＿＿＿＿＿＿＿＿＿＿＿＿；
南至＿＿＿＿＿＿＿＿＿＿＿＿；
西至＿＿＿＿＿＿＿＿＿＿＿＿；
北至＿＿＿＿＿＿＿＿＿＿＿＿。
（规划平面图见附件一，物业构成明细见附件二）。

第二章　服务内容与质量

第二条　在物业管理区域内，乙方提供的前期物业管理服务包括以下内容：
1. 物业共用部位的维修、养护和管理（物业共用部位明细见附件三）；
2. 物业共用设施设备的运行、维修、养护和管理（物业共用设施设备明细见附件四）；
3. 物业共用部位和相关场地的清洁卫生，垃圾的收集、清运及雨、污水管道的疏通；
4. 公共绿化的养护和管理；
5. 车辆停放管理；
6. 公共秩序维护、安全防范等事项的协助管理；

7. 装饰装修管理服务；

8. 物业档案资料管理。

第三条　在物业管理区域内，乙方提供的其他服务包括以下事项：

1. _____；
2. _____；
3. _____。

第四条　乙方提供的前期物业管理服务应达到约定的质量标准（前期物业管理服务质量标准见附件五）。

第五条　单个业主可委托乙方对其物业的专有部分提供维修养护等服务，服务内容和费用由双方另行商定。

第三章　服务费用

第六条　本物业管理区域物业服务收费选择以下第_____种方式。

1. 包干制

物业服务费用由业主按其拥有物业的建筑面积交纳，具体标准如下：

多层住宅：_____元/月·平方米；

高层住宅：_____元/月·平方米；

别墅：_____元/月·平方米；

办公楼：_____元/月·平方米；

商业物业：_____元/月·平方米；

____物业：_____元/月·平方米。

物业服务费用主要用于以下开支：

（1）管理服务人员的工资、社会保险和按规定提取的福利费等；

（2）物业共用部位、共用设施设备的日常运行、维护费用；

（3）物业管理区域清洁卫生费用；

（4）物业管理区域绿化养护费用；

（5）物业管理区域秩序维护费用；

（6）办公费用；

（7）物业服务企业固定资产折旧；

（8）物业共用部位、共用设施设备及公众责任保险费用；

（9）法定税费；

（10）物业服务企业的利润；

（11）_____。

乙方按照上述标准收取物业服务费用，并按本合同约定的服务内容和质量标准提供服务，盈余或亏损由乙方享有或承担。

2. 酬金制

物业服务资金由业主按其拥有物业的建筑面积预先交纳，具体标准如下：

多层住宅：_____元/月·平方米；

高层住宅：_____元/月·平方米；

别墅：_____元/月·平方米；

办公楼：_____元/月·平方米；

商业物业：_____元/月·平方米；

____物业：_____元/月·平方米。

预收的物业服务资金由物业服务支出和乙方的酬金构成。

物业服务支出为所交纳的业主所有，由乙方代管，主要用于以下开支：

（1）管理服务人员的工资、社会保险和按规定提取的福利费等；

（2）物业共用部位、共用设施设备的日常运行、维护费用；

（3）物业管理区域清洁卫生费用；

（4）物业管理区域绿化养护费用；

（5）物业管理区域秩序维护费用；

（6）办公费用；

（7）物业服务企业固定资产折旧；

（8）物业共用部位、共用设施设备及公众责任保险费用；

（9）_____。

乙方采取以下第_____种方式提取酬金：

（1）乙方按_____（每月/每季/每年）_____元的标准从预收的物业服务资金中提取。

（2）乙方_____（每月/每季/每年）按应收的物业服务资金_____%的比例提取。

物业服务支出应全部用于本合同约定的支出。物业服务支出年度结算后结余部分，转入下一年度继续使用；物业服务支出年度结算后不足部分，由全体业主承担。

第七条　业主应于_____之日起交纳物业服务费用（物业服务资金）。

纳入物业管理范围的已竣工但尚未出售，或者因甲方原因未能按时交给物业买受人的物业，其物业服务费用（物业服务资金）由甲方全额交纳。

业主与物业使用人约定由物业使用人交纳物业服务费用（物业服务资金）的，从其约定，业主负连带交纳责任。业主与物业使用人之间的交费约定，业主应及时书面告知乙方。

物业服务费用（物业服务资金）按_____（年/季/月）交纳，业主或物业使用人应在_____（每次缴费的具体时间）履行交纳义务。

第八条　物业服务费用实行酬金制方式计费的，乙方应向全体业主公布物业管理的年度计划和物业服务资金年度预决算，并每年_____次向全体业主公布物业服务资金的收支情况。

对物业服务资金收支情况有争议的，甲乙双方同意采取以下方式解决：

1. _____；
2. _____。

第四章　物业的经营与管理

第九条　停车场收费分别采取以下方式：

1. 停车场属于全体业主共有的，车位使用人应按露天车位_____元/个·月、车库车位_____元/个·月的标准向乙方交纳停车费。

乙方从停车费中按露天车位_____元/个·月、车库车位_____元/个·月的标准提取停车管理服务费。

2. 停车场属于甲方所有、委托乙方管理的，业主和物业使用人有优先使用权，车位使用人应按露天车位_____元/个·月、车库车位_____元/个·月的标准向乙方交纳停车费。

乙方从停车费中按露天车位_____元/个·月、车库车位_____元/个·月的标准提取停车管理服务费。

3. 停车场车位的所有权或使用权由业主购置的，车位使用人应按露天车位_____元/个·月、车库车位_____元/个·月的标准向乙方交纳停车管理服务费。

第十条　乙方应与停车场车位使用人签订书面的停车管理服务协议，明确双方在车位使用及停车管理服务等方面的权利义务。

第十一条　本物业管理区域内的会所属_____（全体业主/甲方）所有。

会所委托乙方经营管理的，乙方按下列标准向使用会所的业主或物业使用人收取费用：

1. _____；
2. _____。

第十二条　本物业管理区域内属于全体业主所有的停车场、会所及其他物业共用部位、公用设备设施统一委托乙方经营，经营收入按下列约定分配：

1. _____；
2. _____。

第五章　物业的承接验收

第十三条　乙方承接物业时，甲方应配合乙方对以下物业共用部位、共用设施设备进行查验：

1. _____；
2. _____；
3. _____。

第十四条　甲乙双方确认查验过的物业共用部位、共用设施设备存在以下问题：
1. _____；
2. _____；
3. _____。

甲方应承担解决以上问题的责任，解决办法如下：
1. _____；
2. _____；
3. _____。

第十五条　对于本合同签订后承接的物业共用部位、共用设施设备，甲乙双方应按照前条规定进行查验并签订确认书，作为界定各自在开发建设和物业管理方面承担责任的依据。

第十六条　乙方承接物业时，甲方应向乙方移交下列资料：
1. 竣工总平面图，单体建筑、结构、设备竣工图，配套设施、地下管网工程竣工图等竣工验收资料；
2. 设施设备的安装、使用和维护保养等技术资料；
3. 物业质量保修文件和物业使用说明文件；
4. _____。

第十七条　甲方保证交付使用的物业符合国家规定的验收标准，按照国家规定的保修期限和保修范围承担物业的保修责任。

第六章　物业的使用与维护

第十八条　业主大会成立前，乙方应配合甲方制定本物业管理区域内物业共用部位和共用设施设备的使用、公共秩序和环境卫生的维护等方面的规章制度。

乙方根据规章制度提供管理服务时，甲方、业主和物业使用人应给予必要配合。

第十九条　乙方可采取规劝、_____、_____等必要措施，制止业主、物业使用人违反本临时公约和物业管理区域内物业管理规章制度的行为。

第二十条　乙方应及时向全体业主通告本物业管理区域内有关物业管理的重大事项，及时处理业主和物业使用人的投诉，接受甲方、业主和物业使用人的监督。

第二十一条　因维修物业或者公共利益，甲方确需临时占用、挖掘本物业管理区域内道路、场地的，应征得相关业主和乙方的同意；乙方确需临时占用、挖掘本物业管理区域内道路、场地的，应征得相关业主和甲方的同意。

临时占用、挖掘本物业管理区域内道路、场地的，应在约定期限内恢复原状。

第二十二条　乙方与装饰装修房屋的业主或物业使用人应签订书面的装饰装修管理服务协议，就允许施工的时间、废弃物的清运与处置、装修管理服务费用等事项进行约定，并事先告知业主或物业使用人装饰装修中的禁止行为和注意事项。

第二十三条　甲方应于_____（具体时间）按有关规定向乙方提供能够直接投入使用的物业管理用房。

物业管理用房建筑面积_____平方米，其中：办公用房_____平方米，位于_____；住宿用房_____平方米，位于_____；_____用房_____平方米，位于_____。

第二十四条　物业管理用房属全体业主所有，乙方在本合同期限内无偿使用，但不得改变其用途。

第七章　专项维修资金

第二十五条　专项维修资金的缴存_____。
第二十六条　专项维修资金的管理_____。
第二十七条　专项维修资金的使用_____。
第二十八条　专项维修资金的续筹_____。

第八章　违约责任

第二十九条　甲方违反本合同第十三条、第十四条、第十五条的约定，致使乙方的管理服务无法达到本合同第二条、第三条、第四条约定的服务内容和质量标准的，由甲方赔偿由此给业主和物业使用人造成的损失。

第三十条　除前条规定情况外，乙方的管理服务达不到本合同第二条、第三条、第四条约定的服务内容和质量标准，应按_____的标准向甲方、业主支付违约金。

第三十一条　甲方、业主或物业使用人违反本合同第六条、第七条的约定，未能按时足额交纳物业服务费用（物业服务资金）的，应按_____的标准向乙方支付违约金。

第三十二条　乙方违反本合同第六条、第七条的约定，擅自提高物业服务费用标准的，业主和物业使用人就超额部分有权拒绝交纳；乙方已经收取的，业主和物业使用人有权要求乙方双倍返还。

第三十三条　甲方违反本合同第十七条的约定，拒绝或拖延履行保修义务的，业主、物业使用人可以自行或委托乙方修复，修复费用及造成的其他损失由甲方承担。

第三十四条　以下情况乙方不承担责任：
1. 因不可抗力导致物业管理服务中断的；
2. 乙方已履行本合同约定义务，但因物业本身固有瑕疵造成损失的；
3. 因维修养护物业共用部位、共用设施设备需要且事先已告知业主和物业使用人，暂时停水、停电、停止共用设施设备使用等造成损失的；

4. 因非乙方责任出现供水、供电、供气、供热、通信、有线电视及其他共用设施设备运行障碍造成损失的；

5. ＿＿＿＿＿＿＿＿＿＿＿＿＿。

第九章　其他事项

第三十五条　本合同期限自＿＿年＿＿月＿＿日起至＿＿年＿＿月＿＿日止；但在本合同期限内，业主委员会代表全体业主与物业服务企业签订的物业服务合同生效时，本合同自动终止。

第三十六条　本合同期满前＿＿月，业主大会尚未成立的，甲、乙双方应就延长本合同期限达成协议；双方未能达成协议的，甲方应在本合同期满前选聘新的物业服务企业。

第三十七条　本合同终止时，乙方应将物业管理用房、物业管理相关资料等属于全体业主所有的财物及时完整地移交给业主委员会；业主委员会尚未成立的，移交给甲方或代管。

第三十八条　甲方与物业买受人签订的物业买卖合同，应当包含本合同约定的内容；物业买受人签订物业买卖合同，即为对接受本合同内容的承诺。

第三十九条　业主可与物业使用人就本合同的权利义务进行约定，但物业使用人违反本合同约定的，业主应承担连带责任。

第四十条　本合同的附件为本合同不可分割的组成部分，与本合同具有同等法律效力。

第四十一条　本合同未尽事宜，双方可另行以书面形式签订补充协议，补充协议与本合同存在冲突的，以本合同为准。

第四十二条　本合同在履行中发生争议，由双方协商解决，协商不成，双方可选择以下第＿＿种方式处理：

1. 向＿＿＿＿＿＿仲裁委员会申请仲裁；
2. 向人民法院提起诉讼。

第四十三条　本合同一式＿＿份，甲、乙双方各执＿＿份。

甲方（签章）　　　　　　　　　　乙方（签章）

法定代表人　　　　　　　　　　　法定代表人

年　月　日

附件一：

物业构成明细

类　　型	幢　数	套（单元）数	建筑面积（平方米）
高层住宅			
多层住宅			
别　　墅			
商业用房			
工业用房			
办公楼			
车　　库			
会　　所			
学　　校			
幼儿园			
＿＿用房			
合　　计			
备　　注			

附件二：

物业共用部位明细

1. 房屋承重结构；
2. 房屋主体结构；
3. 公共门厅；
4. 公共走廊；
5. 公共楼梯间；
6. 内天井；
7. 户外墙面；
8. 屋面；
9. 传达室。

附件三：

物业共用设施设备明细

1. 绿地_____平方米；
2. 道路_____平方米；
3. 化粪池_____个；
4. 污水井_____个；
5. 雨水井_____个；
6. 垃圾中转站_____个；
7. 水泵_____个；
8. 水箱_____个；
9. 电梯_____部；
10. 信报箱_____个；
11. 消防设施_____；
12. 公共照明设施_____；
13. 监控设施_____；
14. 避雷设施_____；
15. 共用天线_____；
16. 机动车库_____个 _____平方米；
17. 露天停车场_____个_____平方米；
18. 非机动车库_____个_____平方米；
19. 共用设施设备用房_____平方米；
20. 物业管理用房_____平方米；
21. _____；
22. _____。

附件四：

前期物业管理服务质量标准

一、物业共用部位的维修、养护和管理

1. _____；
2. _____；
3. _____。

二、物业共用设施设备的运行、维修、养护和管理

1. _____；
2. _____；
3. _____。

三、物业共用部位和相关场地的清洁卫生，垃圾的收集、清运及雨、污水管道的疏通

1. _____；
2. _____；
3. _____。

四、公共绿化的养护和管理

1. _____；
2. _____；
3. _____。

五、车辆停放管理

1. _____；
2. _____；
3. _____。

六、公共秩序维护、安全防范等事项的协助管理

1. _____；
2. _____；
3. _____。

七、装饰装修管理服务

1. _____；
2. _____；
3. _____。

八、物业档案资料管理

1. _____；
2. _____；
3. _____。

九、其他服务

1. _____；
2. _____；
3. _____。

（二）业主委员会与物业服务企业签订的合同

本合同双方当事人

委托方（以下简称甲方）：业主管理委员会

受委托方（以下简称乙方）：物业服务企业

根据《中华人民共和国经济合同法》建设部第33号令《城市新建住宅小区管理办法》、《深圳经济特区住宅区物业管理条例》及其实施细则等国家、地方有关物业管理法律、法规和政策，在平等、自愿、协商一致的基础上，就甲方委托乙方对_____（物业名称）实行专业化、一体化的物业管理订立本合同。

第一条 物业基本情况

座落位置： 市 区 路（街道） 号；

占地面积： 平方米；建筑面积： 平方米；其中住宅 平方米；

物业类型：（住宅区或组团、写字楼、商住楼、工业区、其他／低层、高层、超高层或混合）。

第二条 委托管理事项

1. 房屋建筑本体共用部位（楼盖、屋顶、梁、柱、内外墙体和基础等承重结构部位、外墙面、楼梯间、走廊通道、门厅、设备机房等）的维修、养护和管理。

2. 房屋建筑本体共用设施设备（共用的上下水管道、落水管、垃圾道、烟囱、共用照明、天线、中央空调、暖气干线、供暖锅炉房、加压供水设备、配电系统、楼内消防设施设备、电梯、中水系统等）的维修、养护、管理和运行服务。

3. 本物业规划红线内属物业管理范围的市政公用设施（道路、室外上下水管道、化粪池、沟渠、池、井、绿化、室外泵房、路灯、自行车房棚、停车场）的维修、养护和管理。

4. 本物业规划红线内的属配套服务设施（网球场、游泳池、商业网点等）的维修、养护和管理。

5. 公共环境（包括公共场地、房屋建筑物共用部位）的清洁卫生、垃圾的收集、清运。

6. 交通、车辆行驶及停泊。

7. 配合和协助当地公安机关进行安全监控和巡视等保安工作（但不含人身、财产保险保管责任）。

8. 社区文化娱乐活动。

9. 物业及物业管理档案及资料。

10. 法规和政策规定由物业服务企业管理的其他事项。

第三条 合同期限

本合同期限为___年。自___年___月___日起至___年___月___日止。

第四条 甲方的权利和义务

1. 与物业服务企业议定年度管理计划及年度费用概预算、决算报告。

2. 对乙方的管理实施监督检查，每年全面进行一次考核评定，如因乙方管理不善，造成重大经济损失或管理失误，经市政府物业管理主管部门认定，有权终止合同。

3. 委托乙方对违反物业管理法规政策及业主公约的行为进行处理，包括责令停止违章行为、要求赔偿经济损失及支付违约金、对无故不缴、交有关费用或拒不改正违章行为的责任人采取停水、停电等催缴催改措施。

4. 甲方在合同生效之日起___日内按规定向乙方提供经营性商业用房___平方米，由乙方按每月每平方米___元标准出租经营，其收入按法规政策规定用于补贴本物业维护管理费用。

5. 甲方在合同生效之日起___日内按政府规定向乙方提供管理用房___平方米（其中办公用房___平方米，员工宿舍___平方米，其他用房___平方米），由乙方按下列第___项使用：

① 无偿使用。

② 按每月每平方米建筑面积___元的标准租用。

6. 甲方在合同生效之日起一日内按规定向乙方提供本物业所有的物业及物业管理档案、资料（工程建设竣工资料、住用户资料），并在乙方管理期满时予以收回。

7. 不得干涉乙方依法或依本合同规定内容所进行的管理和经营活动。

8. 负责处理非乙方原因而产生的各种纠纷。

9. 协助乙方做好物业管理工作和宣传教育、文化活动。

10. 法规政策规定由甲方承担的其他责任。

第五条 乙方的权利和义务

1. 根据有关法律、法规政策及本合同的规定，制订该物业的各项管理办法、规章制度、实施细则，自主开展各项管理经营活动，但不得损害大多数业主（住用户）的合法权益，获取不当利益。

2. 遵照国家、地方物业管理服务收费规定，按物业管理的服务项目、服务内容、服务深度，测算物业管理服务收费标准，并向甲方提供测算依据，严格按合同规定的收费标准收取，不得擅自加价，不得只收费不服务或多收费少服务。

3. 负责编制房屋及附属设施、设备年度维修养护计划和大中修方案，经双方议定后由乙方组织实施。

4. 有权依照法规政策、本合同和业主公约的规定对违反业主公约和物业管理法规政策的行为进行处理。

5. 有权选聘专营公司承担本物业的专项管理业务并支付费用,但不得将整体管理责任及利益转让给其他人或单位,不得将重要专项业务承包给个人。

6. 接受物业管理主管部门及有关政府部门的监督、指导,并接受甲方和业主的监督。

7. 至少每3个月向全体业主张榜公布一次管理费用收支账。

8. 对本物业的公用设施不得擅自占用和改变使用功能,如需在本物业内改扩建完善配套项目,须报甲方和有关部门批准后方可实施。

9. 建立本物业的物业管理档案并负责及时记载有关变更情况。

10. 开展有效的社区文化活动和便民服务工作。

11. 本合同终止时,乙方必须向甲方移交原委托管理的全部物业及其各类管理档案、财务等资料;移交本物业的公共财产,包括管理费、公共收入积累形成的资产;对本物业的财务管理状况进行财务审计,甲方有权指定专业审计机构。

12. 不承担对业主及非业主使用人的人身、财产的保管保险义务(另有专门合同规定的除外)。

第六条 管理目标

乙方根据甲方的委托管理事项制订出本物业"管理分项标准"(各项维修、养护和管理的工作标准和考核标准),与甲方协商同意后作为本合同的必备附件。乙方承诺,在本合同生效后____年内达到管理标准,并获得政府主管部门颁发的证书。

第七条 管理服务费用

1. 本物业的管理服务费按下列第____项执行:

① 按政府规定的标准向业主(住用户)收取,即每月每平方米建筑面积___元;

② 按双方协商的标准向业主(住用户)收取,即每月每平方米建筑面积___元;

③ 由甲方按统一标准直接支付给乙方,即每年(月)每平方米建筑面积___元;支付期限:___;支付方式:___。

2. 管理服务费标准的调整按下列第____项执行:

① 按政府规定的标准调整;

② 按每年____%的幅度上调;

③ 按每年____%的幅度下调;

④ 按每年当地政府公布的物价涨跌幅度调整;

⑤ 按双方议定的标准调整。

3. 乙方对物业产权人、使用人的房屋自用部位、自用设备的维修养护及其他特约服务,采取成本核算方式,按实际发生费用计收;但甲方有权对乙方的上述收费项目及标准进行审核和监督。

4. 房屋建筑(本体)的共同部位及共用设施设备的维修、养护与更新改造,由乙方提出方案,经双方议定后实施,所需经费按规定在房屋本体维修基金中支付。房屋本体维修基金的收取执行市政府物业管理主管部门的指导标准。甲方有义务督促业主缴交上述基金并配合维护。

5. 本物业的公用设施专用基金共计＿＿＿元，由甲方负责在＿＿＿＿时间内按法规政策的规定缴纳到位，以保障本物业的公用配套设施的更新改造及重大维护费用。

6. 乙方在接管本物业过程中发生的前期管理费用＿＿＿元，按下列第＿＿＿项执行：
① 由甲方在本合同生效之日起＿＿＿日内向乙方支付；
② 由乙方承担；
③ 在＿＿＿费用中支付。

7. 因甲方责任造成的物业空置及产生的管理费用，按下列第＿＿＿项执行：
① 由甲方承担全部空置物业的管理成本费用，即每平方米建筑面积每月＿＿＿元；
② 由甲方承担上述管理成本费用的＿＿＿%。

第八条 奖惩措施

1. 乙方全面完成合同规定的各项管理目标，甲方根据实际情况，对乙方进行奖励；
2. 乙方未完成合同规定的各项管理目标，甲方根据实际情况，对乙方进行处罚；
3. 合同期满后，乙方可参加甲方的管理招投标并在同等条件下优先获得管理权，但根据法规政策或主管部门规定被取消投标资格或优先管理资格的除外。乙方全部完成合同责任并管理成绩优秀，多数业主反映良好，可以不参加招投标而直接续订合同。

第九条 违约责任

1. 如因甲方原因，造成乙方未完成规定管理目标或直接造成乙方经济损失的，甲方应给予乙方相应补偿；乙方有权要求甲方限期整改，并有权终止合同。
2. 如因乙方原因，造成不能完成管理目标或直接造成甲方经济损失的，乙方应给予甲方相应补偿。甲方有权要求乙方限期整改，并有权终止合同。
3. 因甲方房屋建筑或设施设备质量或安装技术等原因，造成重大事故的，由甲方承担责任并负责善后处理。因乙方管理不善或操作不当等原因造成重大事故的，由乙方承担责任并负责善后处理（产生事故的直接原因，以政府有关部门的鉴定结论为准）。
4. 甲、乙双方如果采取不正当竞争手段而取得管理权或致使对方失去管理权，或造成对方经济损失的，应当承担全部责任。

第十条 其他事项

1. 双方可对本合同的条款进行修订、更改或补充，以书面形式签订补充协议，补充协议与本合同具有同等效力。
2. 合同规定的管理期满，本合同自然终止，双方如续订合同，应在该合同期满六个月前向对方提出书面意见。
3. 本合同执行期间，如遇不可抗力，致使合同无法履行时，双方均不承担违约责任并按有关法规政策规定及时协商处理。
4. 本合同在履行中如果发生争议，双方应协商解决；协商不成时，提请物业管理主管部门调解；调解不成的，提交深圳市仲裁委员会依法裁决。

5. 本合同之附件均为合同有效组成部分；本合同及其附件内，空格部分填写的文字与印刷文字具有同等效力。

　　本合同及其附件和补充协议中未规定的事项，均遵照中华人民共和国有关法律、法规和政策执行。

6. 本合同正本连同附件共一页，一式三份，甲、乙双方及物业管理主管部门（备案）各执一份，具有同等法律效力。

7. 本合同自签订之日起生效。

甲方签章：　　　　　　　　　　　　乙方签章：

法人代表：　　　　　　　　　　　　法人代表：

　　　　　　　　　　　　　　　　　　　　　年　　月　　日

复习思考题

1. 什么是物业服务合同，物业服务合同的特征是什么？
2. 物业服务合同订立的原则是什么？
3. 前期物业服务合同和一般物业合同的区别有哪些？
4. 物业合同的主要内容有哪些？

第八章

物业管理招标投标争议及其解决方式

招标投标作为一种公开公正的竞争方式,其运作是建立在一整套完备制度基础之上的,但由于招标投标双方总是出于自身利益考虑,加之各自对制度的了解程度与理解不同,使得双方在招标投标活动中难免会发生各种各样的争议或纠纷,严重的甚至可能影响整个招标投标活动的顺利进行。因此,如何处理矛盾,妥善解决纠纷,避免争议的发生,成为招标投标双方共同关注的问题。

第一节 物业管理招标投标常见的争议形式

一、招标投标过程中的争议

(一)有关索赔的争议

索赔是承包项目中最常见的一种争议。

物业管理招标投标索赔,是指物业服务企业对由于非自身原因而发生的委托管理合同规定之外的额外支出或损失,向招标方提出给予合理弥补损失的要求。在其他项目招标投标活动中,通常索赔的方式既可以是经济补偿,也可以是工期延长,但由于物业管理招标投标标的——物业管理服务的特殊性,使得其索赔只能要求招标方进行经济补偿。必须注意的是,提出索赔的依据只是物业服务企业就某一事实的单方认定,至于它能否真正得到补偿则取决于业主委员会对这一认定确认与否。若业主委员会认为这一损失的形成是由于物业服务企业自身原因所致,或者甚至认为这一损失还影响了自己权益的实现,那么他们不仅不会承诺赔偿,反而还可能向物业服务企业提出赔偿经济损失的要求,这通常又被称为反索赔。然而无论索赔还是反索赔,双方的出发点都是在合法的前提下尽可能多地为自己争取利益。

由此可见,招标投标双方争议的焦点主要集中在对造成损失事实原因的认定之上。因此,研究索赔事项的种类对于招标投标各方保护自己、争取正当合法的利益是非常有用的。

通常在物业管理招标投标中存在的可能导致索赔的事项主要有:投标书的遗漏错误,增加的服务量,增加的材料数量,增加的材料单价,增加的分包商的费用等。当然,不同的物业管理招标可能出现的相应索赔事项是不同的。招标投标各方务必小心谨慎,尽可能争取有利于自己的条件,避免失误或损失。

(二)有关投标有效性的争议

投标作为一种规范的制度性活动,对投标人的行为有着严格的限制。从本书前几章的论述中可以看出,无论是对投标人的资格审查还是对投标书的填写报送,投标制度都做出了详尽的规定。但是,这些规定并不能将在招标中可能出现的所有问题全部涵盖;即使投标制度涵盖了所有情况,仍有可能出现招标方或投标方由于疏忽或对制度了解不够,导致双方对投标有效性的认识呈现差异，争议便由此产生。

这种类型争议产生的原因多种多样，既可以是由于招标人误将投标人的合规行为判断为无效行为，也可以是招标人判断正确而投标人认识不清所致。由于招标投标工作量大且繁琐，出现纷争的事项实在是太多太杂，如果要从具体事项出发分析原因，那就难以一一列举了，下面仅就几种常见的典型争议类型作一下介绍。

1. 代理有效性问题

有关代理的选择等问题在本书第 5 章已有详细阐述，但在招标投标中具体涉及代理业务时，却往往会出现对代理业务范围等认识不清的误区。例如，同一代理人同时对若干家投标公司开展代理注册、递送标书、参加开标会等业务是否符合招标规定？所递送的标书是否有效？同一代理人同时为若干家投标公司代为编制的投标书是否有效？为物业招标提供代理服务的投标公司的投标是否有效？这些都是人们容易所混淆的事实，自然也容易引起争议。

2. 标书有效性问题

标书有效性问题包含的内容十分广泛，既有时效问题，又有格式问题，还有内容是否规范的问题。应当说，对于一些招标文件中有着明确规定的事项（如有效期），通常不容易引起争议，而大多数争议都是发生在一些难以界定、界限模糊的规定事项上。典型的一个例子，就是标书遗漏差错是否导致标书失效的判定标准问题。按招标投标国际惯例，如果标书的偏差属于实质性内容的差错，则该标书属于无效标书；反之，招标方可根据具体情况决定是由投标方予以澄清补充，继续竞标，还是宣布该标书无效。在这一例子中，虽然"实质性内容"的规定看似很清晰，但在实践中却难以界定，因为它只是一个概括的描述，对于"该变动是否会影响中标后义务的履行"的判断取决于招标方的主观判定，这难免会导致由于招标方与投标方认定的不同而产生争议。

3. 联合体投标问题

所谓联合体投标，即由两个以上法人或其他组织组成一个联合体，以一个投标人身份共同投标的行为。在联合体投标中，联合体各方应当签订共同投标协议，明确约定双方的工作和责任，并将其共同投标协议连同投标文件一并提交给招标人。联合体中标的，将由联合体各方共同与招标人签订合同，并就中标物业项目的管理承担连带责任。

联合体投标的行为与代理人同时代理两家以上投标公司的行为、两家独立的投标公司递送同一份标书参与投标的行为以及物业管理分包行为都有形式上的相似，容易混淆，也容易导致招标方的错误判断。

4. 标书修改有效性问题

标书修改是否有效应当视修改时间而定。如果修改是在招标文件要求提交投标文件的截止时间之前进行的，则修改后标书仍然有效，但投标人的这一行为应当通知招标人；反之，则该标书当视为无效标书。但在具体操作中，很可能会出现招标方将有效修改确定为无效修改的情况。

5. 其他情况

例如，对招标投标中分包服务项目的确定差异、对投标文件封送规定上的认识差异等。

（三）有关中标有效性的争议

中标有效性的争议多是针对招标评标工作人员的职业操守和投标人员的诚实信用而言的。常见的争议主要有以下几种情况。

1. 招标工作人员未能严守秘密

保密是招标工作人员应具备的最基本的职业素质，但在实践中却常常会发生招标工作人员将招标过程中一些可能影响公平竞争的有关情况向他人透露，从而导致获知内情的投标公司轻易夺标。这种情形显失公平，中标自然无效。

2. 评标工作人员违反规定

评标工作人员是招标制度中最为关键的一环，因为将要由他们来确定最终的中标者。如果他们的行为与法律或惯例相违背，即使他们并没有因此而影响评标的公平性，但由于独立性丧失，其公正性很难让人信服，竞标结果不应生效。

3. 投标人弄虚作假，串通报价

这种情形在竞标过程中时常会出现。几个投标公司为了共同夺标，串通好报价标底即报价策略，人为设置进入障碍，从而达到排挤其他竞标者的目的。这是一种破坏公平竞争的行为。

4. 投标人故意压价，恶性竞争

这是另一种破坏公平竞争的行为。投标人低于成本投标报价以实现其夺标目的，其出发点不外有二：一是新进入者为站稳脚跟而破釜沉舟；二是实力雄厚者抢夺市场份额以实现其垄断地位。但不论其源于何种考虑，这种做法都必将导致获胜者接管本物业后在项目经营中亏损或者降低服务质量，而原本有机会获利的投标公司却无法得到该项目，行业的有序发展必然受到威胁。因此，招标制度必须对这种行为予以禁止。

二、有关物业委托管理合同的争议

有关物业委托管理合同的争议通常指谈判和签订委托管理合同时招标方与投标方之间所发生的争议、合同签订之后招标、投标双方在履行义务期间所发生的争议。

1. 合同签订谈判期间的争议

招标、投标双方在签订合同之前仍需经历谈判阶段。此时，其谈判重点集中在一些关键性条款上，如标价、服务内容等。双方都是在为争取自身利益作最后努力，甚至一些违规行为也会出现。例如，业主委员会可能会要求中标公司降低收费，可能会修改原合同规定的服务内容，甚至会增加服务量；同样，这种情况也可能会发生在物业服务企业身上。此时，矛盾冲突显得尤为激烈，争议主要体现为双方对合同有关条款修改变更的不同主张。

2. 合同履行期间的争议

这一时期的争议体现为一方对另一方在履行已签订的合同条款时的认定差异，它主要包括双方在合同履行的方式、时间等方面的认识偏差。

第二节 物业管理招标投标争议的解决方式

将物业管理招标投标争议进行归纳，大致可分为民事纠纷、行政争议和刑事违法行为三种形式，其相应的处理方式可参照我国《民事诉讼法》、《刑事诉讼法》及《行政诉讼法》中的有关规定，向有关机关提出申请，并按法定程序加以解决。

一、民事纠纷的解决

（一）协商和解

当事人在发生纠纷之后首先应当寻求自行和解，或在第三人的协调之下商谈达成一致意见。双方进行协商必须是建立在平等、自愿的原则基础之上，通过沟通了解，本着互谅互让的精神来共同承担责任，从而解决纠纷。

（二）民事仲裁

纠纷当事人在经过协商调解无效之后，便可进入仲裁程序。

所谓仲裁，是纠纷当事人在自愿基础之上达成协议，将纠纷提交非司法机构的第三者审理，并由第三者做出对争议各方均有约束力的裁决的一种解决纠纷的制度和方式。物业管理招标投标中的民事纠纷同样适用于这一程序。仲裁程序本着意志自治、以事实为依据、独立公正及一裁终局的原则对当事人申请的民事纠纷进行裁决。目前，我国不但在各省、自治区、直辖市人民政府所在地有设立仲裁委员会，还根据需要在其他设区的市设立了仲裁委员会，应当说这种安排非常有利于仲裁的实行。

当事人要想进入仲裁程序，必须具备以下条件：① 当事人双方在自愿的基础上协商达成仲裁协议；② 双方当事人共同选择解决争议的第三人进行仲裁；③ 双方当事人都要受到仲裁委员会裁决的约束。

　　首先，他们必须达成仲裁协议。所谓仲裁协议，是指双方当事人自愿把他们之间已经发生或者将来可能发生的财产性权益提交仲裁解决的协议。通常它应当包括以下几点内容：① 请求仲裁的意思表示；② 仲裁事项，即双方当事人提交仲裁的争议范围；③ 选定的仲裁委员会。当事人应当避免签订一些模棱两可、无法实现的无效仲裁协议。对于这些内容不明确或无效的仲裁协议当事人可自行完善，也可由仲裁机构或法院协助予以完善。

　　然后，当事人便可进入仲裁申请阶段。申请时，当事人需递交仲裁申请书。仲裁委员会在收到仲裁申请书之日起 5 日内通知申请人是否受理其仲裁申请，如不予受理，还需说明理由。一旦受理，仲裁庭将提早通知当事人及其他参与人开庭日期。

　　当事人在开庭后可提出新证据，可要求进行调查鉴定，还可进行辩论。辩论终结后，将由首席仲裁员或独任仲裁员征询当事人的最后意见。仲裁中，申请人与被申请人都应当按时到庭，未经仲裁庭许可不得中途退庭。

　　当事人在申请了仲裁之后，仍可自行和解或由仲裁庭进行调解。若调解不成则仲裁庭应及时予以裁决。裁决书一经做出即刻生效。当事人若就同一纠纷想再申请仲裁或向人民法院起诉的，仲裁委员会或人民法院不予受理。当事人应当履行仲裁裁决，一方当事人不履行的，另一方当事人可以依照《民事诉讼法》的有关规定向人民法院申请执行。若仲裁裁决被法院撤销或者不予执行，当事人可以重新达成仲裁协议申请仲裁，也可向法院起诉。

（三）民事诉讼

　　民事诉讼，是指人民法院在所有诉讼参与人的参加下，审理和解决民事案件的诉讼活动以及在活动中产生的各种法律关系的总和。民事诉讼是当事人解决民事纠纷的最后途径。当事人可选择对该争议具有管辖权的人民法院提出起诉。

　　当事人提出申请必须具有以下条件：① 原告必须与本案有直接利害关系；② 具有明确的被告；③ 有具体的诉讼请求和事实、理由；④ 符合管辖范围。

　　当事人的起诉可以书面形式，也可以口头形式提起。若以书面形式起诉，则需向人民法院递交起诉状。起诉状应当写名当事人有关情况、原告的诉讼请求、证据及其来源、受诉法院的名称等内容。

　　人民法院接到起诉书后，应在 7 日内做出立案或不立案的决定，并及时通知当事人。若原告对人民法院不予受理的裁决不服的，可提起上诉。若人民法院经审查后决定立案，则应在立案之日起 5 日内将起诉状副本送至被告，并分别告知原告和被告其享有的权利和所承担的义务。同时，人民法院还将审阅诉讼材料，并收集必要的证据。

　　在做好了上述准备工作之后，法院将正式开庭审理。庭审将经历法庭调查、辩论、评议和宣判几个程序。若当事人对一审裁判不服，可向该法院的上一级法院依法提起上诉，从而进入二审程序。上诉通常需要具备形式要件和实质要件。上诉的实质要件是指法律规定的允许上诉的裁判，包括：① 地方各级人民法院的一审判决；② 第二审法院发回重审的判决；③ 按照一审程序对案件再审做出的判决；④ 不予受理、对管辖权有异议以及驳回起诉的裁定。上诉的形式要件通常包括：上诉人与被上诉人、上诉时间及上诉状。

当事人根据规定，可向原审法院提交上诉状，也可直接向二审法院提起上诉。对于当事人的上诉，只要符合法定的上诉条件，法院均应受理，并在收到上诉状及其副本之后的5日内将各种文书及证据传送给对方当事人和二审法院，并由二审法院对案件进行审理。

二审法院审理上诉案件，应由审判员组成合议庭进行审理，原则上应开庭审理，进行调查询问，核对事实。若合议庭认为不需要开庭审理，也可直接进行判决。二审判决有三种形式，即维持原判、依法改判、发回重审。我国实行的是两审终审制，因此二审法院的判决即为终审判决，当事人必须履行判决，不得再行上诉。若当事人认为二审法院的判决有错误，只能按照审判监督程序向法院申请再审。

（四）承担民事责任

根据我国《民法通则》，在民事纠纷处理中当事人承担民事责任的方式有以下十种：① 停止侵害；② 排除障碍；③ 消除危险；④ 返还财产；⑤ 恢复原状；⑥ 修理、重作、更换；⑦ 赔偿损失；⑧ 支付违约金；⑨ 消除影响、恢复名誉；⑩ 赔礼道歉。

二、行政争议的解决

行政争议，是指行政管理相对人（物业管理招标投标活动的参与者）对行政机关在物业管理招标投标活动中做出的具体行政行为不服而引起的冲突。对于这种"官民"之争，我国有专门的《行政诉讼法》进行裁决。依照该法规定，通常解决物业管理招标投标行政争议的途径大致有行政复议、行政诉讼、行政赔偿三种。

（一）行政复议

行政复议，是指行政管理相对人认为行政机关的具体行政行为侵犯了其合法权益，按照法定的程序和条件向做出该具体行政行为的上一级行政机关提出申请，由受理申请的行政机关对该具体行政行为进行复查，并做出复议决定的活动。它本着合法、及时、准确、便民的原则，保护着公民、法人和其他组织的合法权益，同时维护和监督行政机关依法行使职权。

行政复议机构由复议机关内部设立，专门用来办理复议事项。通常在县级以上的地方各级人民政府的复议机构都应设在政府法制工作机构内或与政府法制工作机构合署办公。当事人申请行政复议需要满足以下八项条件：① 符合申请时效，即物业管理招标投标参与人应当在知道具体行政行为之日起15日内向有管辖权的行政机关申请复议；② 不与行政诉讼发生冲突，即当事人已经向人民法院起诉并经人民法院受理的，不得申请复议；③ 申请人是具体行政行为直接受侵害者；④ 有明确的被申请人；⑤ 有具体的复议请求和事实根据；⑥ 属于申请复议范围；⑦ 符合管辖范围；⑧ 符合法律法规其他条件。

在符合以上条件之后，申请人应当向行政机关提交复议申请书，提出复议申请。复议机关在收到复议申请书之后10日内审查申请的内容，并决定是否立案受理。复议机关受理复议申请后，应自受理之日起7日内将复议申请书副本发送给被申请人，要求被申请人提供做出具体行政行为的有关材料或证据，并提出答辩书。然后复议机关全面审核所收集的事实和文件，并在收到复议申请书之日起两个月内做出复议决定。复议决定共有五种形式：① 维持具体行政行为；② 撤销变更具体行政行为；③ 责成被申请人补正具体行政行为在程序上的不足；④ 决定被申请人履行法定职责；⑤ 决定被申请人负责赔偿申请人的损失。

行政复议决定的做出必须制作复议决定书，并由复议机关的法定代表人签字，加盖复议机关的印章。复议决定书一经送达即发生法律效力，当事人必须立即履行。如果当事人对复议决议不服，可自收到复议决定书之日起15日内向人民法院提起行政诉讼。若当事人逾期不起诉又不履行复议决定，维持原具体行政行为的复议决定，并由做出具体行政行为的行政机关请求人民法院强制执行。

（二）行政诉讼

行政诉讼，是指人民法院基于行政管理相对人的请求，对行政机关具体行政行为的合法性进行审查并做出裁判的诉讼活动。虽然同为诉讼程序，行政诉讼与民事诉讼却有着根本性的区别，二者在审理对象、适用调解、任务和目的等方面都有着本质上的差别。

行政诉讼的起诉仍需满足以下几个条件：① 原告是具体行政行为的直接受侵害者；② 有明确的被告；③ 有具体的诉讼请求；④ 有明确的事实根据；⑤ 受人民法院管辖。

人民法院收到起诉书后经过审查，应在7日内作出是否立案的决定，并及时通知当事人。若人民法院受理案件，则应及时组成合议庭，并自立案后5日内将起诉状副本送达被告，通知其应诉。此外合议庭还应在审理前进行阅卷及补充调查、取证等准备工作。开庭之后，行政诉讼依然需经历法庭调查、辩论、合议庭评议及宣读判决等程序。若当事人对一审裁定不服，可自判决书送达之日起15日内向原审法院的上一级法院提起上诉。

当事人提起上诉时提交的上诉状须经原审法院进行形式审查，而后经由原审法院将上诉书传送至二审法院。二审法院在接到上诉状及全部案卷后即可组成合议庭进行审查阅卷，并开庭审理。二审判决由合议庭成员表决通过形成，又称为终审判决，当事人不得再行上诉。若当事人认为二审法院裁定存在错误，只能通过行政诉讼审判监督程序申请再审。

（三）行政赔偿

行政赔偿是国家赔偿的一种形式，它是指国家机关和国家机关工作人员违法行使职权对公民、法人和其他组织的合法权益造成损害的，由法律规定的赔偿义务机关对受害人予以赔偿的法律制度。

行政赔偿的提出既可由当事人单独提出，也可由当事人在行政复议、行政诉讼中一并提出。

1. 当事人提出行政赔偿请求须满足的条件

当事人提出行政赔偿请求必须满足以下条件：① 请求人具有行政赔偿请求权；② 必须有明确的行政赔偿义务机关；③ 必须在法定期限内提出行政赔偿请求；④ 所提出的赔偿请求必须在法律规定的赔偿范围内。

当事人应当以书面形式向赔偿义务机关提出赔偿请求，申请书应当载明当事人名称和住所等情况、具体的行政赔偿要求、请求行政赔偿的理由依据、赔偿义务机关及申请日期。行政赔偿义务机关收到行政赔偿申请书后，应在 2 日内经过调查决定是否受案处理，如果行政赔偿义务机关立案受理，则应及时通知赔偿请求人并自收到申请书之日起 2 个月内做出处理决定。逾期不予赔偿或赔偿请求人对赔偿数额有异议，则请求人可自期满之日起 3 个月内向人民法院提起行政赔偿诉讼。

2. 当事人提起行政赔偿诉讼须符合的条件

行政赔偿请求人要想提起行政赔偿诉讼，必须符合以下条件：① 原告需具有行政赔偿请求人资格；② 有明确的被告；③ 有具体的赔偿请求和受损害的事实根据；④ 加害行为已被确认为违法的具体行政行为；⑤ 已经过赔偿义务机关处理；⑥ 符合人民法院管辖；⑦ 符合法定起诉期限。

人民法院自收到原告行政赔偿起诉状后，应在 7 日内进行审查并做出是否立案受理的决定。若当事人在提起行政诉讼的同时一并提出行政赔偿请求，人民法院应分别立案，并根据具体情况进行合并审理或单独审理。行政赔偿案件仍适用公开审理、合议制度、回避原则及两审终审等制度。行政赔偿案件审结后，当事人必须按已经发生法律效力的行政赔偿判决、裁定或调解协议如实履行。一方拒绝履行的，另一方当事人可以向人民法院申请强制执行。

（四）行政处罚的种类

行政处罚的种类多种多样，适合物业管理招标投标活动的行政处罚大致有以下六种：① 警告；② 罚款；③ 没收违法所得，没收非法财务；④ 责令停产停业；⑤ 暂扣或者吊销许可证、执照；⑥ 行政拘留；⑦ 其他行政处罚，如通报批评、劳动教养等。

复习思考题

1. 物业管理招标投标过程中有哪些常见的争议形式？
2. 有关物业管理民事纠纷的解决方式有哪些？
3. 有关物业管理行政争议的解决方式有哪些？

第九章

物业管理招投标案例分析

案例一　这样的合同有效吗？

原告（反诉被告）：××房地产开发公司
被告（反诉原告）：××物业服务企业

【案情简介】

原告××房地产开发公司是××市××新村××高级公寓的房地产开发商。199×年上半年，该房地产开发公司在承建过程中就已将该高级公寓的住宅全部预售给了当地的某公司、某医院及其他一些个人购房户。

同时，该房地产开发公司面向全国进行该物业管理项目的招标。在所有参与竞标的30个投标公司中，××物业服务企业竞标成功，并与房地产开发商签订了《委托管理合同》。合同约定：××房地产开发公司将其开发的××新村××高级公寓（建筑面积约5万平方米）的物业管理权发包给××物业服务企业，××物业服务企业应于物业竣工时进驻该物业，提供物业管理服务。合同约定承包期为8年，承包金按实际住房面积计算，每月每平方米1元，并约定××物业服务企业应于合同签订后10日内向××房地产开发公司支付履约保证金10万元。

同年10月，该房地产开发公司又与物业服务企业签订了《维修委托合同》。合同约定：××新村××高级公寓在保修期内的维修任务由房地产开发公司全部委托给物业服务企业承包维修，总承包工程款为20万元。

据此，物业服务企业向房地产开发公司支付了履约保证金10万元，而房地产开发公司也陆续向物业服务企业交付了该物业部分房屋及有关附属设施，面积约为43 210平方米。

及至第二年6月，该高级公寓建成竣工，经有关部门组织验收合格，共有350家住户相继迁入。当年7月，该高级公寓全体业主召开业主大会，组织成立了业主委员会，并由业主委员会代表全体业主与物业服务企业签订了《委托管理合同》。物业服务企业在实施物业管理行为期间，按合同约定实施物业管理行为，并向住户收取物业管理费、维修基金、水电费等，但是并没有按原合同约定向房地产开发公司支付承包金。房地产开发公司以此为纠纷事由，将物业服务企业作为被告，向××市××区人民法院提起诉讼。

【双方陈述】

原告房地产开发公司诉称：

原告按照与被告签订的《委托管理合同》，已经将××新村约5万平方米的高级公寓的物业管理权发包给被告。而被告却只依合同给付原告保证金10万元，承包金分文未付，至今共欠承包金120万元。原告认为被告的行为严重违约，请求法院判决解除合同，判令被告及时偿付拖欠的承包金本金及利息，并相应承担违约责任。

被告物业服务企业答辩，同时提出反诉称：

1. 原《委托管理合同》中关于被告按每月每平方米1元向原告交纳承包金的约定违反

了物业管理法规，是无效条款，不应受法律保护；

2. 原告没有按时按约定的面积交付房屋，造成被告少收管理费 100.032 9 万元；

3. 按照双方签订的《维修委托合同》的约定，原告应于合同签订当年年底支付维修费 6.8 万元，此款超期支付一天，应当按总额的 3% 给付罚款，而房地产开发公司至今未付此款。故被告反诉，请求法院判令原告支付物业管理维修费 6.8 万元、违约金 10 万元以及未按合同约定的面积交付房屋给被告造成的损失。

【一审判决】

经××市××区人民法院审理判定：

1. 原告房地产开发公司和被告物业服务企业签订的《委托管理合同》及其补充协议，严重损害了××新村××高级公寓业主的利益，应确认为无效合同。双方依据该合同所取得的财物应相互返还；

2. 房地产开发公司要求物业服务企业支付承包金 120 万元及其利息、物业服务企业反诉要求房地产开发公司赔偿因房屋交付延迟和面积不足给其造成的损失，均属无理要求，应予驳回；

3. 房地产开发公司和物业服务企业因《维修委托合同》所产生的纠纷，与本案是不同的法律关系，不予合并审理。房地产开发公司和物业服务企业之间的委托关系虽然无效，但鉴于物业服务企业已对××新村××高级公寓管理多年，为维护该公寓的管理秩序和便于收回住户拖欠的物业管理费、维修基金、水电费等，可限期由物业服务企业将××新村××高级公寓的管理权及维修基金交房地产开发公司代管。

裁决决议：

1. 限房地产开发公司于本判决生效之日起 2 个月内返还给物业服务企业保证金 10 万元；

2. 限物业服务企业于本判决生效之日起 2 个月内将已收取的维修基金和××新村××高级公寓的有关附属设施（按移交清单所列）交房地产开发公司代管；

3. 驳回房地产开发公司的其他诉讼请求和物业服务企业的反诉请求。

一审判决后，被告物业服务企业不服，以房地产开发公司未按期交足物业面积给其造成损失应当承担责任，以及该高级公寓的物业管理权已经由业主委员会授予该公司行使，房地产开发公司无代管权为由，向××市中级人民法院提出上诉，请求改判。

【二审判决】

经××市中级人民法院二审判定：

1. ××新村××高级公寓全部业主组成的业主委员会，已经在迁入后第二年 7 月经××市房地产管理局批准成立，并与上诉人物业服务企业另外签订了《委托管理合同》。该中级人民法院认为：物业管理是近年来住房商品化过程中出现的新行业，谁可以行使该权利，应当由物业的所有权人（即业主）决定。根据国家建设部 1994 年 3 月 23 日发布的《城市新建住宅小区管理办法》第六条规定，"住宅小区应当成立物业管理委员会，物业管理委员会作为业主大会的执行机构，有权选聘物业服务企业、物业管理人员或其他专业服务机构对本住宅小区进行物业管理,并与其签订物业管理合同",因此,××物业服务企业与业主委员会签订的《委托管理合同》的授权是有效的。

2. 被上诉人××房地产开发公司只是××新村××高级公寓的开发建设单位,它以招标为名,擅自将住宅小区的物业管理权"发包"给物业服务企业行使,借机收取承包金,该行为侵犯了业主的合法权益。依照《中华人民共和国民法通则》第五十八条第一款第五项的规定,这个承包合同及其补充协议应为无效合同。依照《民法通则》第六十一条第一款的规定,房地产开发公司应当将保证金10万元返还给物业服务企业,其要求物业服务企业偿付承包金和承担违约责任的诉讼请求应当驳回。物业服务企业根据无效合同的约定,要求房地产开发公司偿付因少交付物业管理面积而给其造成的损失的反诉请求,不予支持。房地产开发公司对该高级公寓没有物业管理权,原审在处理合同无效时虽然注意到这一问题,但是以维护该高级公寓的管理秩序和便于收回住户拖欠的物业管理费、维修基金、水电费等为由,判决将该高级公寓的物业管理权及维修基金交房地产开发公司代管,没有法律依据,应当撤销。现该高级公寓业主委员会已经成立,并与物业服务企业签订了《委托管理合同》,这是业主行使权利的行为。物业服务企业据此提出上诉有理,应予支持。

3. 物业服务企业请求判令房地产开发公司按照合同向其支付物业管理维修费6.8万元及违约金10万元,属于另一法律关系,一审不予合并审理是正确的。一审判决认定事实部分不清,判决部分不当,应予纠正。

裁决决议:

综上所述,××市中级人民法院依照《中华人民共和国民事诉讼法》第一百五十三条第一款第三项的规定,做出判决如下:

1. 维持××市××区人民法院一审判决第一项;
2. 撤销××市××区人民法院一审判决第二项;
3. 变更一审判决第三项为:驳回被上诉人××房地产开发公司要求上诉人××物业服务企业偿付承包金和承担违约责任的诉讼请求;驳回××物业服务企业要求××房地产开发公司偿付因少交付物业管理面积造成的经济损失的反诉请求。

案例二 北京市回龙观"竞选"管家

——北京天鸿房地产管理公司、深圳长城物业服务企业中标

1999年11月8日,由北京天鸿集团公司开发建设的全国最大的经济适用房项目——北京回龙观文化居住区(一期)物业管理招投标活动在北京举行。北京天鸿集团公司房产管理经营公司和深圳长城物业管理有限公司在招标中胜出。北京面向全国招标物业服务企业,在全国是第一次;北京市副市长汪光焘、建设部住宅与房地产业司副司长沈建忠出席了竞标活动。

本次天鸿集团物业管理招标活动，先后有来自深圳、重庆、西安和北京等地共计三十多家物业服务企业报名，经过专家复评，最后选择了具有甲级资质的北京天鸿集团房产经营管理公司、北京燕侨物业管理有限公司、北京市望京实业总公司、深圳长城物业管理有限公司、深圳福田物业发展有限公司五家技术力量较强、物业管理水平较高、社会效益较好的物业服务企业参加本次最终竞标。答辩会上，五家物业服务企业向评委介绍了公司的情况、物业管理业绩和对回龙观居住区物业管理的设想，并回答了评委的提问，最终北京天鸿集团公司房地产经营管理公司和深圳长城物业服务企业在激烈的竞争中以微弱的优势中标。

目前全国房地产市场快速发展，竞争日趋激烈，许多房地产开发商都将物业管理作为房地产项目开发的延伸，作为市场竞争的主要手段和品牌建设的重要组成部分。房地产开发商——北京天鸿集团公司董事长兼总经理李发增说："此次招标正是要改变过去'重建设轻管理'、'谁建谁管'的旧模式，将'开发建设'与'物业管理'分开，不仅可以避免过去因'建管'不分造成的责任不清、互相推诿给居民造成困难和麻烦，同时也可规范市场竞争行为，从而推进物业管理市场化进程。"

沈建忠在竞标会上指出：此次物业管理招标活动将对全国的物业管理工作产生很大影响，其意义首先表现在它打破了过去社会上一直认为在普通住宅、低价位住宅区无法进行专业化、社会化物业管理这样一个禁区，转变了某些人认为只有高档物业才能进行一流服务、一流物业管理的观念，普通住宅小区也同样需要一流的专业服务；二是这次招投标是在严格、公正、公平的原则下进行的，为全国物业管理招投标工作积累了经验，是有益的借鉴；三是有助于开发公司和物业服务企业转变经营作风，改进服务态度，提高服务质量，在市场竞争中树立和培养一批优秀的物业服务企业。

案例三　南京3000"高知"户聘"管家"

在百家湖花园首次面向全国招聘"管家"之后，江苏省南京市龙江小区10幢高教公寓的16所高校的3000户高级知识分子家庭为花明白钱，也通过招标的方式寻找"管家"。江苏爱涛置业、星汉物业、南大物业、东海物业、养园物业等12家物业服务企业第一次打起了"价格战"。

为解决南京高校教师住房困难的全国重点工程——南京龙江小区10幢高校公寓于2000年4月底交付使用，占地约30万平方米，由南北两个区域组成。龙江高校公寓委托管理期限为3年。特别引人注目的是龙江高校公寓业主管理委员会在此次招标中明确提出，物业管理收费标价占招标总分的一半，标书占30分，答辩和企业信誉分别占10分。

根据1999年12月8日出台的《江苏省普通住宅区物业管理公共服务费等级收费暂行办法》，住宅区物业管理公共性收费指导价即便是最高的5级，每月每平方米也就是0.5

元。在上限已经很明确的情况下，南京的物业服务企业面临的就是拿出最有竞争力的价格来。招标书发出后，南京的很多物业服务企业第一次仔细测算起自己的成本来。江苏爱涛置业的总经理梁苏拉说，南京的物业管理市场才刚刚启动，老百姓对物业管理收费一向颇有意见，这次明确将收费标准作为硬杠杆，显然增加了物业服务企业的压力，比如爱涛置业要想在招标中获胜，就要拿出更具竞争力的价格来，降低一个收费等级，提高一个服务档次，势必要求各家公司物业管理人员一人多专、一人多岗，以降低企业经营成本。从长远来看，这对南京的物业管理行业无疑将起到积极的作用。

附：南京两次物业管理招投标活动效果分析。

1999年12月5日，南京百家湖花园住宅区就物业管理单位进行了招投标。2000年3月20日，南京龙江高教公寓又以招标的方式面向社会选聘"管家"。最终，两家物业服务企业取得了龙江高教公寓南北两大片区的管理权。南京市的这两次招投标活动推动了江苏，特别是南京市物业管理市场化的进程。

1. 百花湖花园住宅区招标概况

（1）物业标的：在建、规划建设26.8万平方米，已建11万平方米，其中别墅3万平方米（已入住）。

物业类型有别墅、高档公寓。设施基本齐全，维修基金基本落实。

物业管理区域：一个。

（2）招标范围：全国公开招标，公证部门全过程公证。

（3）招标主体：物业管理主管部门受房地产开发商委托，与房地产开发商共同招标并运作。

（4）投标方：深圳、上海、江苏等地的六家物业服务企业。

（5）评委组成：建设部、北京、上海、深圳及高等院校、房地产开发商等资深专家10人。

（6）评标方式：专家综合评定，其中信誉调查由招标办随机抽查评分。

（7）评分类别及权重：信誉（12%）、标书（54%）、答辩（34%）。

（8）公共服务费确定：政府定价，别墅中标价3元/（月/平方米）；高档公寓中标价0.5元/（月/平方米）。

（9）招标执行依据：借鉴其他省市经验。

2. 龙江高教公寓招标概况

（1）物业标的：已建29.3万平方米，南北两片，即将入住率95%以上。

物业类型：经济适用型普通高层住宅，设施齐全，但车位、管理用房等不足，落实了维修基金；物业管理区域为2个。

（2）招标范围：南京地区省、市物业服务企业投标，公证部门全过程公证。

（3）投标方：南京地区省、市属12家企业。

（4）评委组成：业主委员会、省主管部门、市物业管理协会、院校、企业等资深专家7人。

（5）评标方式：借鉴工程招标方式，无底价竞标，专家评标，业主委员会最终定标，其中信誉调查由业主委员会随机抽查评分。

（6）评分类别及权重：信誉（10%），标书（30%），价格（50%），答辩（10%）。

（7）公共服务费确定：政府指导价与市场调节价相结合，中标价为 0.36 元/（月/平方米），业主委员会标底价为 0.34 元/（月/平方米）。

（8）招标执行依据：《中华人民共和国招标投标法》，并借鉴其他经验。

3. 两次物业管理招投标的启示

（1）物业管理市场化进程需要政府积极引导，规范行为。从整体上来看，江苏省目前物业管理发展还很不平衡，基本上处于单位垄断、房地产开发商垄断、行业垄断的状况，未形成统一的物业管理有形市场和无形市场，不利于生产要素的合理流动。物业管理的招投标活动，迫切需要政府从适应市场经济发展的角度，积极培育和完善市场，包括建立物业管理招投标中介服务机构，在物业管理培训中增设招投标课程，有步骤地进行业主委员会主任培训等。同时，建立健全物业管理市场化的法律法规体系，制订规范统一的"游戏规则"，营造良好的市场交易环境。

（2）增强业主自治能力，发挥房地产开发商、业主委员会的作用。百家湖花园物业管理属前期物业管理招标活动，而龙江高教公寓则是以业主委员会为招标主体，并具体操作招标活动。业主委员会作为物业管理市场的主体地位得以明确，作用得以发挥，为业主委员会成为高教公寓的决策中心奠定了良好的基础。

另一方面，随着住房制度改革的深入，购房者对房屋的增值及附加值要求越来越高。商品房已从过去简单的区位、面积、户型向环境和服务延伸。房地产开发商开始重视自己产品的物业管理，通过市场竞争来改变"自建自管"状况，找到了提升产品的新卖点。

（3）物业服务企业参与市场竞争的意识强烈。两次招投标活动，均引来数十家企业积极参与，踊跃投标，共同表现了对物业管理市场化的信心和决心。龙江高教公寓是全国有着特殊意义的住宅区，工程建设伊始，国务院领导就非常关注，省政府明确提出要将其建成"一流的建筑，一流的居住人群，一流的居住环境，一流的物业管理"的住宅区。高教公寓具有规模大，即将入住率高，业主素质高的特点。众多企业希望通过市场竞争，使自身经营上规模，达到提升企业服务水准和品牌的目的。同时，通过参与竞争，企业也看到了自身的差距，认识到今天的参与是为了以后走向市场打下基础。"以人为本"、"以业主为本"，为业主提供全方位的便利条件，提供因地制宜的特色服务，以其他收益弥补公共服务费的不足，是中标企业共同的想法。

（4）需要引起重视和改进的问题。① 工程建设与物业管理脱节的现象依然存在。两个物业标的，均不同程度地存在设施不足问题。例如，高教公寓自行车停放车位严重不足（设计每户 1.8 辆），地下进出口太小，无汽车位，缺少物业管理用房，垃圾中转困难等问题，给物业管理带来先天不足的遗憾。② 物业管理属服务性行业，其招投标不同于工程、设备招投标。评标应侧重企业的信誉、业绩和标书中的方案质量、答辩的应变能力等，而将公共服务费报价单列作为评分类别，其权重不宜超过 20%。

案例四　天津嘉海花园物业管理项目招标揭晓

2000 年 3 月，天津市首次物业管理招投标活动，经过公开、公平的激烈竞争，金厦物业服务企业一举中标，成为嘉海花园一期的管家。这标志着天津市物业管理工作向着公平竞争的市场化发展方向迈出了历史性的一步。天津市人大副主任李振东、建设部住宅与房地产司副司长沈建忠，天津市建委、市房管局等有关领导出席了竞标会，并对物业管理行业引入公平竞争机制给予了高度评价。

目前，天津市已有物业服务企业 359 家，物业管理面积 2653 万平方米，其中住宅小区 2326 万平方米，占全市存量住宅面积的 31.26%，已成为与群众生活密切相关的行业。但由于物业管理行业市场化程度低，缺乏竞争机制，使得一些物业服务企业管理水平低，行为不够规范，服务水平不高。为进一步规范物业管理市场行为，推进物业管理市场化进程，嘉海花园房地产开发商举办了这次物业管理招投标活动。

嘉海花园工程坐落在河北区海河东路，是天津市 16 个大片危陋房改造项目之一，占地 24.69 公顷。一期工程占地 8.5 公顷，建筑面积 26.6 万平方米，规划建设酒店、购物中心、高档商住楼及餐饮娱乐配套设施，由嘉海建设发展有限公司和豪为建设发展有限公司共同投资开发。物业管理投标公告发布后，全市先后有二十余家物业服务企业报名。经过初审和复审，确定了 8 家物业服务企业参加最后竞标。整个活动在河北区公证处的监督下进行。

【评注】

物业管理项目实行公开招投标，是物业管理项目委托的必然趋势。

为推动物业管理健康发展，天津选聘物业服务企业将全面实行招投标。《天津市物业管理招投标规则》（以下简称规则）已出台。该《规则》规定，天津市建筑面积在 5 万平方米以上的住宅小区的物业管理，应以招投标方式选聘物业服务企业；建筑面积 20 万平方米以上的住宅小区的物业管理工作必须以招投标方式选聘物业服务企业，并对招投标的程序和方法做出规定。此举将使物业管理行业建立起公正、公平的市场竞争机制，实现优胜劣汰。

为提高物业管理水平，天津市房管局加强对物业服务企业的治理，还推出《天津市物业服务企业资质等级评定办法》、《天津市十强物业服务企业认定办法》等规定，开展物业管理达标活动，力争 90% 的企业项目达标，优秀企业项目要达到 30%。

案例五　拱北口岸联检楼物业管理公开招标

1999年,为迎接澳门回归祖国,珠海市政府斥巨资兴建拱北口岸联检楼,当时市委、市政府决定引入竞争机制,将拱北口岸的物业管理经营权面向全省进行公开招标,最后由珠海一家知名的大型物业服务企业中标,三年管理费为1200多万元。

1. 招标的调查与论证

2002年11月,珠海市口岸局委托珠海市产权交易中心再次对拱北口岸联检楼物业管理进行招标。此次招标,汲取上次招标的经验,并在此基础上,采取更严格的入围条件,经充分调查和论证,上报市政府批准,主要有以下几点。

(1) 在投标单位资格条件上,确定必须具备中国物业管理二级资质的企业才能报名,并且必须具有两项省级物业管理优秀(示范)项目,这样就保证了投标单位的素质。珠海仅有的四家二级企业都参加了投标,广州、深圳也有多家知名物业服务企业入围。

(2) 贯彻十六大精神,创造各种经济主体公平利用资源的平台,把民营企业也引入到此次招标范围,并且要求中标单位应适当招取部分下岗职工。中标后,中标企业还专门举办了失业下岗职工招聘会,取得良好的社会效益。

(3) 评标办法中,商业标与技术标比重由过去的各50%调整为60%和40%,减少技术标的比重,而且量化了评标,把评分标准确定为5大项,34小项,将物业管理各项指标分解到评分标准中,减少评委人为因素。在答辩程序中,由评委专家对投标单位的未来的物业管理处主任提问,有的问题非常详细,达到摸底和实力体现。

(4) 评标办法中报价部分的计分办法方面。过去,确定基准价为满分,现在采取标底修正价办法即先取全部投标企业所有报价的中间值,由中间值作为标底修正价,取最接近的投标报价为第一名得满分,其余采用离中间值绝对值办法确定后面的名次,第一名与第二名的分值可适当拉开。

(5) 由于物业管理行业是微利行业,为防止恶意投标,设立最低保护价,对投报价格低于最低保护价的投标去除。

开标前评标小组召开标前会,对评标办法进行最终审核通过;开标后,有2家单位报价高于标底价出局,余下三家单位进入第二轮评审。评审工作小组对各投标单位表述的有效性进行了审查,然后按照事先拟定的百分制评标办法,对投标书进行严格的评审和打分,并对投标单位进行答辩,分数汇总后,珠海一家企业获得第一名为93分,最后,此项目由该公司中标。

通过这次招标,发现中标价格有明显下降,按过去经验中标价节约资金在5%～10%之间,但此次中标价比原来报价节省约200万,节省率超过23%,可见在控制价格方面起了一定的成效。

2. 对大型公共设施物业管理的招标经验

(1) 必须设定招投标准入门槛。由于广东省近年来物业管理行业发展迅速，国家对这一行业也进行了规范。珠海市也对本市内物业服务企业进行资质认定，共有三级以上资质40多家，其中二级以上资质5家（其中一家正在改制中），广东省二级企业有50多家。通过珠海媒体及羊城晚报公开招标信息，共有十三家企业报名，最后正式缴纳投标保证金及符合其他必要条件的企业共有7家（其中一家由于资信证明材料不符合被否决），从而增加了招标的竞争性。

(2) 制定招标考核指标体系。物业管理招投标考核体系包括：经营业绩、服务内容、人员配备、规章制度、管理承诺、投标报价等，体系评标是此次招标工作中的关键环节。因为口岸招标要求规格比较高，同时还要为市财政考虑如何节约管理成本，所以对评标办法作了以下两方面的调整：减少技术标在评分办法中所占比重；增加商业标的比重。这样可使投标单位的主要技术指标倾向投标报价，但不是取最低价，而是取标底修正价。

(3) 设定报价范围，防止恶意竞争。这次招标对于评标办法的改动尚属首次，而且如果有的单位为了中标不择手段，有可能产生恶意竞争，这样不仅会使招标失败，而且还会产生不良的社会影响。

(4) 招标存在的问题。招标结束后，有的投标单位对设定的标的范围有看法，认为应该扩大入围面，有些外地投标方也提出对招标标的现场了解不足，使投标价格的概算出现波动比较大，这些问题我们在以后类似招标中应加以注意，从而使各项工作能更加体现"三公"原则。

(5) 目前大型公共设施物业管理招标方面的法规缺乏，珠海市相关规章制度也尚未出台，而且这方面的招标在国内也比较少，可参考比较缺乏。应向有关部门建议，尽快出台《珠海市物业管理招标投标管理办法》，发挥政策的指导和调控作用，为物业管理招投标创造一个比较公平、公开、公正的市场环境。

(6) 建立高素质评委专家库。专家评审是招标公证性的重要保证，根据《中华人民共和国招标投标法》规定，作为物业管理招标评委必须是相关技术、经济、管理方面的专家。为此，我们邀请了广东省及深圳市知名物业管理专家参加评审，确保评审质量。

(7) 建议设立物业管理招投标中介机构。珠海市产权交易中心是珠海市政府设立的不以盈利为目的有形要素市场之一，在几年的物业管理招标中，积累了不少招标经验及招标文件范本。如果作为珠海市物业管理招标的市场平台，专门负责指导和监督物业管理招标工作，把目前珠海市招标纠纷比较多的小区物业管理招标也纳入管理，将对规范珠海物业管理市场起到很大作用。

案例六 青岛通过招投标形成物业管理市场竞争机制

1996年是青岛市物业管理快速发展的第三年,正式登记注册的物业服务企业达到180多家,初步形成了一个新兴的行业。物业管理的手段和内容逐渐为人们特别是住宅小区的居民所认识、熟知和接受,在一些地方人们急切地要求实行物业管理,这为日后顺利进行招聘工作提供了良好的群众基础。同时,物业管理也遇到了种种困难和隐忧,表现在造血机能不足,缺乏制约和竞争,形成新的"大锅饭"的问题。物业管理市场一方面出现分散化,另一方面又有不少具备一定实力和管理水平的企业亟须扩大管理规模而又苦于找不到合适的对象,难以形成良性发展的局面。正是在这种情况下,青岛市适时推出物业管理市场的竞争机制。

青岛市北区广饶路小区是一个旧城改造小区,基本建成后,经过区政府和市、区物业管理部门共同研究,决定借此时机进行一次招标选聘物业管理单位的试点,并立即开展了各项准备工作:一是成立招标工作领导小组及办公室,组建了住宅小区管委会,确定了评分人员范围;二是编制标书,制定了招标书的项目和要求,明确了招标对象和招标内容;三是制定评分项目、内容及标准,规定了公开答辩的程序和计分方法。确定方案后,市、区物业办召集了多家公司开会,通报了招标工作计划,有近10家企业报名投标。经过认真对比筛选,最后确定由市北区旧城物业管理中心和安居房地产物业管理中心两家实力较雄厚,又有两年以上管理经验和良好业绩的单位参加投标竞争。旧城物业管理中心最终以微弱优势取得了该小区的管理权。

由于山东省和该市是第一次举行这样的招标,因而引起了社会各界的广泛关注,一时间在全市物业管理领域产生了较大的反响。

附录一

前期物业管理招标投标管理暂行办法

建设部关于印发《前期物业管理招标投标管理暂行办法》的通知（建住房[2003]130号）

各省、自治区建设厅，直辖市房地产管理局，新疆生产建设兵团建设局：

为了规范物业管理招标投标活动，保护招标投标当事人的合法权益，促进物业管理市场的公平竞争，我部制定了《前期物业管理招标投标管理暂行办法》，现印发给你们，请贯彻执行。执行中的情况，请及时告我部住宅与房地产业司。

中华人民共和国建设部
二〇〇三年六月二十六日

前期物业管理招标投标管理暂行办法

第一章 总则

第一条 为了规范前期物业管理招标投标活动，保护招标投标当事人的合法权益，促进物业管理市场的公平竞争，制定本办法。

第二条 前期物业管理，是指在业主、业主大会选聘物业管理企业之前，由建设单位选聘物业管理企业实施的物业管理。

建设单位通过招投标的方式选聘具有相应资质的物业管理企业和行政主管部门对物业管理招投标活动实施监督管理，适用本办法。

第三条 住宅及同一物业管理区域内非住宅的建设单位，应当通过招投标的方式选聘具有相应资质的物业管理企业；投标人少于3个或者住宅规模较小的，经物业所在地的区、县人民政府房地产行政主管部门批准，可以采用协议方式选聘具有相应资质的物业管理企业。

国家提倡其他物业的建设单位通过招投标的方式，选聘具有相应资质的物业管理企业。

第四条 前期物业管理招标投标应当遵循公开、公平、公正和诚实信用的原则。

第五条 国务院建设行政主管部门负责全国物业管理招标投标活动的监督管理。

省、自治区人民政府建设行政主管部门负责本行政区域内物业管理招标投标活动的监督管理。

直辖市、市、县人民政府房地产行政主管部门负责本行政区域内物业管理招标投标活动的监督管理。

第六条 任何单位和个人不得违反法律、行政法规规定，限制或者排斥具备投标资格的物业管理企业参加投标，不得以任何方式非法干涉物业管理招标投标活动。

第二章 招标

第七条 本办法所称招标人是指依法进行前期物业管理招标的物业建设单位。

前期物业管理招标由招标人依法组织实施。招标人不得以不合理条件限制或者排斥潜在投标人，不得对潜在投标人实行歧视待遇，不得对潜在投标人提出与招标物业管理项目实际要求不符的过高的资格等要求。

第八条 前期物业管理招标分为公开招标和邀请招标。

招标人采取公开招标方式的，应当在公共媒介上发布招标公告，并同时在中国住宅与房地产信息网和中国物业管理协会网上发布免费招标公告。

招标公告应当载明招标人的名称和地址，招标项目的基本情况以及获取招标文件的办法等事项。

招标人采取邀请招标方式的，应当向3个以上物业管理企业发出投标邀请书，投标邀请书应当包含前款规定的事项。

第九条 招标人可以委托招标代理机构办理招标事宜；有能力组织和实施招标活动的，也可以自行组织实施招标活动。

物业管理招标代理机构应当在招标人委托的范围内办理招标事宜，并遵守本办法对招标人的有关规定。

第十条 招标人应当根据物业管理项目的特点和需要，在招标前完成招标文件的编制。

招标文件应包括以下内容：

（一）招标人及招标项目简介，包括招标人名称、地址、联系方式、项目基本情况、物业管理用房的配备情况等；

（二）物业管理服务内容及要求，包括服务内容、服务标准等；

（三）对投标人及投标书的要求，包括投标人的资格、投标书的格式、主要内容等；

（四）评标标准和评标方法；

（五）招标活动方案，包括招标组织机构、开标时间及地点等；

（六）物业服务合同的签订说明；

（七）其他事项的说明及法律法规规定的其他内容。

第十一条 招标人应当在发布招标公告或者发出投标邀请书的10日前，提交以下材料报物业项目所在地的县级以上地方人民政府房地产行政主管部门备案：

（一）与物业管理有关的物业项目开发建设的政府批件；

（二）招标公告或者招标邀请书；

（三）招标文件；

（四）法律、法规规定的其他材料。

房地产行政主管部门发现招标有违反法律、法规规定的，应当及时责令招标人改正。

第十二条 公开招标的招标人可以根据招标文件的规定，对投标申请人进行资格预审。

实行投标资格预审的物业管理项目，招标人应当在招标公告或者投标邀请书中载明资格预审的条件和获取资格预审文件的办法。

资格预审文件一般应当包括资格预审申请书格式、申请人须知，以及需要投标申请人提供的企业资格文件、业绩、技术装备、财务状况和拟派出的项目负责人与主要管理人员的简历、业绩等证明材料。

第十三条　经资格预审后,公开招标的招标人应当向资格预审合格的投标申请人发出资格预审合格通知书,告知获取招标文件的时间、地点和方法,并同时向资格不合格的投标申请人告知资格预审结果。

在资格预审合格的投标申请人过多时,可以由招标人从中选择不少于5家资格预审合格的投标申请人。

第十四条　招标人应当确定投标人编制投标文件所需要的合理时间。公开招标的物业管理项目,自招标文件发出之日起至投标人提交投标文件截止之日止,最短不得少于20日。

第十五条　招标人对已发出的招标文件进行必要的澄清或者修改的,应当在招标文件要求提交投标文件截止时间至少15日前,以书面形式通知所有的招标文件收受人。该澄清或者修改的内容为招标文件的组成部分。

第十六条　招标人根据物业管理项目的具体情况,可以组织潜在的投标申请人踏勘物业项目现场,并提供隐蔽工程图纸等详细资料。对投标申请人提出的疑问应当予以澄清并以书面形式发送给所有的招标文件收受人。

第十七条　招标人不得向他人透露已获取招标文件的潜在投标人的名称、数量以及可能影响公平竞争的有关招标投标的其他情况。

招标人设有标底的,标底必须保密。

第十八条　在确定中标人前,招标人不得与投标人就投标价格、投标方案等实质内容进行谈判。

第十九条　通过招标投标方式选择物业管理企业的,招标人应当按照以下规定时限完成物业管理招标投标工作:

(一)新建现售商品房项目应当在现售前30日完成;

(二)预售商品房项目应当在取得《商品房预售许可证》之前完成;

(三)非出售的新建物业项目应当在交付使用前90日完成。

第三章　投　标

第二十条　本办法所称投标人是指响应前期物业管理招标、参与投标竞争的物业管理企业。

投标人应当具有相应的物业管理企业资质和招标文件要求的其他条件。

第二十一条　投标人对招标文件有疑问需要澄清的,应当以书面形式向招标人提出。

第二十二条　投标人应当按照招标文件的内容和要求编制投标文件,投标文件应当对招标文件提出的实质性要求和条件作出响应。

投标文件应当包括以下内容:

(一)投标函;

(二)投标报价;

（三）物业管理方案；
（四）招标文件要求提供的其他材料。

第二十三条 投标人应当在招标文件要求提交投标文件的截止时间前，将投标文件密封送达投标地点。招标人收到投标文件后，应当向投标人出具标明签收人和签收时间的凭证，并妥善保存投标文件。在开标前，任何单位和个人均不得开启投标文件。在招标文件要求提交投标文件的截止时间后送达的投标文件，为无效的投标文件，招标人应当拒收。

第二十四条 投标人在招标文件要求提交投标文件的截止时间前，可以补充、修改或者撤回已提交的投标文件，并书面通知招标人。补充、修改的内容为投标文件的组成部分，并应当按照本办法第二十三条的规定送达、签收和保管。在招标文件要求提交投标文件的截止时间后送达的补充或者修改的内容无效。

第二十五条 投标人不得以他人名义投标或者以其他方式弄虚作假，骗取中标。

投标人不得相互串通投标，不得排挤其他投标人的公平竞争，不得损害招标人或者其他投标人的合法权益。

投标人不得与招标人串通投标，损害国家利益、社会公共利益或者他人的合法权益。

禁止投标人以向招标人或者评标委员会成员行贿等不正当手段谋取中标。

第四章 开标、评标和中标

第二十六条 开标应当在招标文件确定的提交投标文件截止时间的同一时间公开进行；开标地点应当为招标文件中预先确定的地点。

第二十七条 开标由招标人主持，邀请所有投标人参加。开标应当按照下列规定进行：

由投标人或者其推选的代表检查投标文件的密封情况，也可以由招标人委托的公证机构进行检查并公证。经确认无误后，由工作人员当众拆封，宣读投标人名称、投标价格和投标文件的其他主要内容。

招标人在招标文件要求提交投标文件的截止时间前收到的所有投标文件，开标时都应当当众予以拆封。

开标过程应当记录，并由招标人存档备查。

第二十八条 评标由招标人依法组建的评标委员会负责。

评标委员会由招标人代表和物业管理方面的专家组成，成员为5人以上单数，其中招标人代表以外的物业管理方面的专家不得少于成员总数的三分之二。

评标委员会的专家成员，应当由招标人从房地产行政主管部门建立的专家名册中采取随机抽取的方式确定。

与投标人有利害关系的人不得进入相关项目的评标委员会。

第二十九条 房地产行政主管部门应当建立评标的专家名册。省、自治区、直辖市人民政府房地产行政主管部门可以将专家数量少的城市的专家名册予以合并或者实行专家名册计算机联网。

房地产行政主管部门应当对进入专家名册的专家进行有关法律和业务培训，对其评标能力、廉洁公正等进行综合考评，及时取消不称职或者违法违规人员的评标专家资格。被取消评标专家资格的人员，不得再参加任何评标活动。

第三十条 评标委员会成员应当认真、公正、诚实、廉洁地履行职责。

评标委员会成员不得与任何投标人或者与招标结果有利害关系的人进行私下接触，不得收受投标人、中介人、其他利害关系人的财物或者其他好处。

评标委员会成员和与评标活动有关的工作人员不得透露对投标文件的评审和比较、中标候选人的推荐情况以及与评标有关的其他情况。

前款所称与评标活动有关的工作人员，是指评标委员会成员以外的因参与评标监督工作或者事务性工作而知悉有关评标情况的所有人员。

第三十一条 评标委员会可以用书面形式要求投标人对投标文件中含义不明确的内容作必要的澄清或者说明。投标人应当采用书面形式进行澄清或者说明，其澄清或者说明不得超出投标文件的范围或者改变投标文件的实质性内容。

第三十二条 在评标过程中召开现场答辩会的，应当事先在招标文件中说明，并注明所占的评分比重。

评标委员会应当按照招标文件的评标要求，根据标书评分、现场答辩等情况进行综合评标。

除了现场答辩部分外，评标应当在保密的情况下进行。

第三十三条 评标委员会应当按照招标文件确定的评标标准和方法，对投标文件进行评审和比较，并对评标结果签字确认。

第三十四条 评标委员会经评审，认为所有投标文件都不符合招标文件要求的，可以否决所有投标。

依法必须进行招标的物业管理项目的所有投标被否决的，招标人应当重新招标。

第三十五条 评标委员会完成评标后，应当向招标人提出书面评标报告，阐明评标委员会对各投标文件的评审和比较意见，并按照招标文件规定的评标标准和评标方法，推荐不超过3名有排序的合格的中标候选人。

招标人应当按照中标候选人的排序确定中标人。当确定中标的中标候选人放弃中标或者因不可抗力提出不能履行合同的，招标人可以依序确定其他中标候选人为中标人。

第三十六条 招标人应当在投标有效期截止时限30日前确定中标人。投标有效期应当在招标文件中载明。

第三十七条 招标人应当向中标人发出中标通知书，同时将中标结果通知所有未中标的投标人，并应当返还其投标书。

招标人应当自确定中标人之日起15日内，向物业项目所在地的县级以上地方人民政府房地产行政主管部门备案。备案资料应当包括开标评标过程、确定中标人的方式及理由、评标委员会的评标报告、中标人的投标文件等资料。委托代理招标的，还应当附招标代理委托合同。

第三十八条 招标人和中标人应当自中标通知书发出之日起 30 日内，按照招标文件和中标人的投标文件订立书面合同；招标人和中标人不得再行订立背离合同实质性内容的其他协议。

第三十九条 招标人无正当理由不与中标人签订合同，给中标人造成损失的，招标人应当给予赔偿。

第五章 附 则

第四十条 投标人和其他利害关系人认为招标投标活动不符合本办法有关规定的，有权向招标人提出异议，或者依法向有关部门投诉。

第四十一条 招标文件或者投标文件使用两种以上语言文字的，必须有一种是中文；如对不同文本的解释发生异议的，以中文文本为准。用文字表示的数额与数字表示的金额不一致的，以文字表示的金额为准。

第四十二条 本办法第三条规定住宅规模较小的，经物业所在地的区、县人民政府房地产行政主管部门批准，可以采用协议方式选聘物业管理企业的，其规模标准由省、自治区、直辖市人民政府房地产行政主管部门确定。

第四十三条 业主和业主大会通过招投标的方式选聘具有相应资质的物业管理企业的，参照本办法执行。

第四十四条 本办法自 2003 年 9 月 1 日起施行。

附录二

中华人民共和国招标投标法

中华人民共和国招标投标法
中华人民共和国主席令第二十一号

第九届全国人民代表大会常务委员会第十一次会议于 1999 年 8 月 30 日通过，现予公布，自 2000 年 1 月 1 日起施行。

第一章 总 则

第一条 为了规范招标投标活动，保护国家利益、社会公共利益和招标投标活动当事人的合法权益，提高经济效益，保证项目质量，制定本法。

第二条 在中华人民共和国境内进行招标投标活动，适用本法。

第三条 在中华人民共和国境内进行下列工程建设项目包括项目的勘察、设计、施工、监理以及与工程建设有关的重要设备、材料等的采购，必须进行招标：

（一）大型基础设施、公用事业等关系社会公共利益、公众安全的项目；

（二）全部或者部分使用国有资金投资或者国家融资的项目；

（三）使用国际组织或者外国政府贷款、援助资金的项目。

前款所列项目的具体范围和规模标准，由国务院发展计划部门会同国务院有关部门制订，报国务院批准。

法律或者国务院对必须进行招标的其他项目的范围有规定的，依照其规定。

第四条 任何单位和个人不得将依法必须进行招标的项目化整为零或者以其他任何方式规避招标。

第五条 招标投标活动应当遵循公开、公平、公正和诚实信用的原则。

第六条 依法必须进行招标的项目，其招标投标活动不受地区或者部门的限制。任何单位和个人不得违法限制或者排斥本地区、本系统以外的法人或者其他组织参加投标，不得以任何方式非法干涉招标投标活动。

第七条 招标投标活动及其当事人应当接受依法实施的监督。

有关行政监督部门依法对招标投标活动实施监督，依法查处招标投标活动中的违法行为。

对招标投标活动的行政监督及有关部门的具体职权划分，由国务院规定。

第二章 招 标

第八条 招标人是依照本法规定提出招标项目、进行招标的法人或者其他组织。

第九条 招标项目按照国家有关规定需要履行项目审批手续的，应当先履行审批手续，取得批准。

招标人应当有进行招标项目的相应资金或者资金来源已经落实，并应当在招标文件中如实载明。

第十条 招标分为公开招标和邀请招标。

公开招标，是指招标人以招标公告的方式邀请不特定的法人或者其他组织投标。

邀请招标，是指招标人以投标邀请书的方式邀请特定的法人或者其他组织投标。

第十一条 国务院发展计划部门确定的国家重点项目和省、自治区、直辖市人民政府确定的地方重点项目不适宜公开招标的，经国务院发展计划部门或者省、自治区、直辖市人民政府批准，可以进行邀请招标。

第十二条 招标人有权自行选择招标代理机构，委托其办理招标事宜。任何单位和个人不得以任何方式为招标人指定招标代理机构。

招标人具有编制招标文件和组织评标能力的，可以自行办理招标事宜。任何单位和个人不得强制其委托招标代理机构办理招标事宜。

依法必须进行招标的项目，招标人自行办理招标事宜的，应当向有关行政监督部门备案。

第十三条 招标代理机构是依法设立、从事招标代理业务并提供相关服务的社会中介组织。

招标代理机构应当具备下列条件：

（一）有从事招标代理业务的营业场所和相应资金；

（二）有能够编制招标文件和组织评标的相应专业力量；

（三）有符合本法第三十七条第三款规定条件、可以作为评标委员会成员人选的技术、经济等方面的专家库。

第十四条 从事工程建设项目招标代理业务的招标代理机构，其资格由国务院或者省、自治区、直辖市人民政府的建设行政主管部门认定。具体办法由国务院建设行政主管部门会同国务院有关部门制定。从事其他招标代理业务的招标代理机构，其资格认定的主管部门由国务院规定。

招标代理机构与行政机关和其他国家机关不得存在隶属关系或者其他利益关系。

第十五条 招标代理机构应当在招标人委托的范围内办理招标事宜，并遵守本法关于招标人的规定。

第十六条 招标人采用公开招标方式的，应当发布招标公告。依法必须进行招标的项目的招标公告，应当通过国家指定的报刊、信息网络或者其他媒介发布。

招标公告应当载明招标人的名称和地址、招标项目的性质、数量、实施地点和时间以及获取招标文件的办法等事项。

第十七条 招标人采用邀请招标方式的，应当向三个以上具备承担招标项目的能力、资信良好的特定的法人或者其他组织发出投标邀请书。

投标邀请书应当载明本法第十六条第二款规定的事项。

第十八条 招标人可以根据招标项目本身的要求，在招标公告或者投标邀请书中，要求潜在投标人提供有关资质证明文件和业绩情况，并对潜在投标人进行资格审查；国家对投标人的资格条件有规定的，依照其规定。

招标人不得以不合理的条件限制或者排斥潜在投标人，不得对潜在投标人实行歧视待遇。

第十九条 招标人应当根据招标项目的特点和需要编制招标文件。招标文件应当包括招标项目的技术要求、对投标人资格审查的标准、投标报价要求和评标标准等所有实质性要求和条件以及拟签订合同的主要条款。

国家对招标项目的技术、标准有规定的，招标人应当按照其规定在招标文件中提出相应要求。

招标项目需要划分标段、确定工期的，招标人应当合理划分标段、确定工期，并在招标文件中载明。

第二十条 招标文件不得要求或者标明特定的生产供应者以及含有倾向或者排斥潜在投标人的其他内容。

第二十一条 招标人根据招标项目的具体情况，可以组织潜在投标人踏勘项目现场。

第二十二条 招标人不得向他人透露已获取招标文件的潜在投标人的名称、数量以及可能影响公平竞争的有关招标投标的其他情况。

招标人设有标底的，标底必须保密。

第二十三条 招标人对已发出的招标文件进行必要的澄清或者修改的，应当在招标文件要求提交投标文件截止时间至少十五日前，以书面形式通知所有招标文件收受人。该澄清或者修改的内容为招标文件的组成部分。

第二十四条 招标人应当确定投标人编制投标文件所需要的合理时间；但是，依法必须进行招标的项目，自招标文件开始发出之日起至投标人提交投标文件截止之日止，最短不得少于二十日。

第三章 投 标

第二十五条 投标人是响应招标、参加投标竞争的法人或者其他组织。

依法招标的科研项目允许个人参加投标的，投标的个人适用本法有关投标人的规定。

第二十六条 投标人应当具备承担招标项目的能力；国家有关规定对投标人资格条件或者招标文件对投标人资格条件有规定的，投标人应当具备规定的资格条件。

第二十七条 投标人应当按照招标文件的要求编制投标文件。投标文件应当对招标文件提出的实质性要求和条件作出响应。

招标项目属于建设施工的，投标文件的内容应当包括拟派出的项目负责人与主要技术人员的简历、业绩和拟用于完成招标项目的机械设备等。

第二十八条 投标人应当在招标文件要求提交投标文件的截止时间前，将投标文件送达投标地点。招标人收到投标文件后，应当签收保存，不得开启。投标人少于三个的，招标人应当依照本法重新招标。

在招标文件要求提交投标文件的截止时间后送达的投标文件，招标人应当拒收。

第二十九条　投标人在招标文件要求提交投标文件的截止时间前，可以补充、修改或者撤回已提交的投标文件，并书面通知招标人。补充、修改的内容为投标文件的组成部分。

第三十条　投标人根据招标文件载明的项目实际情况，拟在中标后将中标项目的部分非主体、非关键性工作进行分包的，应当在投标文件中载明。

第三十一条　两个以上法人或者其他组织可以组成一个联合体，以一个投标人的身份共同投标。

联合体各方均应当具备承担招标项目的相应能力；国家有关规定或者招标文件对投标人资格条件有规定的，联合体各方均应当具备规定的相应资格条件。由同一专业的单位组成的联合体，按照资质等级较低的单位确定资质等级。

联合体各方应当签订共同投标协议，明确约定各方拟承担的工作和责任，并将共同投标协议连同投标文件一并提交招标人。联合体中标的，联合体各方应当共同与招标人签订合同，就中标项目向招标人承担连带责任。

招标人不得强制投标人组成联合体共同投标，不得限制投标人之间的竞争。

第三十二条　投标人不得相互串通投标报价，不得排挤其他投标人的公平竞争，损害招标人或者其他投标人的合法权益。

投标人不得与招标人串通投标，损害国家利益、社会公共利益或者他人的合法权益。

禁止投标人以向招标人或者评标委员会成员行贿的手段谋取中标。

第三十三条　投标人不得以低于成本的报价竞标，也不得以他人名义投标或者以其他方式弄虚作假，骗取中标。

第四章　开标、评标和中标

第三十四条　开标应当在招标文件确定的提交投标文件截止时间的同一时间公开进行；开标地点应当为招标文件中预先确定的地点。

第三十五条　开标由招标人主持，邀请所有投标人参加。

第三十六条　开标时，由投标人或者其推选的代表检查投标文件的密封情况，也可以由招标人委托的公证机构检查并公证；经确认无误后，由工作人员当众拆封，宣读投标人名称、投标价格和投标文件的其他主要内容。

招标人在招标文件要求提交投标文件的截止时间前收到的所有投标文件，开标时都应当当众予以拆封、宣读。

开标过程应当记录，并存档备查。

第三十七条　评标由招标人依法组建的评标委员会负责。

依法必须进行招标的项目，其评标委员会由招标人的代表和有关技术、经济等方面的专家组成，成员人数为五人以上单数，其中技术、经济等方面的专家不得少于成员总数的三分之二。

前款专家应当从事相关领域工作满八年并具有高级职称或者具有同等专业水平，由招标人从国务院有关部门或者省、自治区、直辖市人民政府有关部门提供的专家名册或者招标代理机构的专家库内的相关专业的专家名单中确定；一般招标项目可以采取随机抽取方式，特殊招标项目可以由招标人直接确定。

　　与投标人有利害关系的人不得进入相关项目的评标委员会；已经进入的应当更换。

　　评标委员会成员的名单在中标结果确定前应当保密。

　　第三十八条　招标人应当采取必要的措施，保证评标在严格保密的情况下进行。

　　任何单位和个人不得非法干预、影响评标的过程和结果。

　　第三十九条　评标委员会可以要求投标人对投标文件中含义不明确的内容作必要的澄清或者说明，但是澄清或者说明不得超出投标文件的范围或者改变投标文件的实质性内容。

　　第四十条　评标委员会应当按照招标文件确定的评标标准和方法，对投标文件进行评审和比较；设有标底的，应当参考标底。评标委员会完成评标后，应当向招标人提出书面评标报告，并推荐合格的中标候选人。

　　招标人根据评标委员会提出的书面评标报告和推荐的中标候选人确定中标人。招标人也可以授权评标委员会直接确定中标人。

　　国务院对特定招标项目的评标有特别规定的，从其规定。

　　第四十一条　中标人的投标应当符合下列条件之一：

　　（一）能够最大限度地满足招标文件中规定的各项综合评价标准；

　　（二）能够满足招标文件的实质性要求，并且经评审的投标价格最低；但是投标价格低于成本的除外。

　　第四十二条　评标委员会经评审，认为所有投标都不符合招标文件要求的，可以否决所有投标。

　　依法必须进行招标的项目的所有投标被否决的，招标人应当依照本法重新招标。

　　第四十三条　在确定中标人前，招标人不得与投标人就投标价格、投标方案等实质性内容进行谈判。

　　第四十四条　评标委员会成员应当客观、公正地履行职务，遵守职业道德，对所提出的评审意见承担个人责任。

　　评标委员会成员不得私下接触投标人，不得收受投标人的财物或者其他好处。

　　评标委员会成员和参与评标的有关工作人员不得透露对投标文件的评审和比较、中标候选人的推荐情况以及与评标有关的其他情况。

　　第四十五条　中标人确定后，招标人应当向中标人发出中标通知书，并同时将中标结果通知所有未中标的投标人。

　　中标通知书对招标人和中标人具有法律效力。中标通知书发出后，招标人改变中标结果的，或者中标人放弃中标项目的，应当依法承担法律责任。

　　第四十六条　招标人和中标人应当自中标通知书发出之日起三十日内，按照招标文件和中标人的投标文件订立书面合同。招标人和中标人不得再行订立背离合同实质性内容的其他协议。

招标文件要求中标人提交履约保证金的，中标人应当提交。

第四十七条 依法必须进行招标的项目，招标人应当自确定中标人之日起十五日内，向有关行政监督部门提交招标投标情况的书面报告。

第四十八条 中标人应当按照合同约定履行义务，完成中标项目。中标人不得向他人转让中标项目，也不得将中标项目肢解后分别向他人转让。

中标人按照合同约定或者经招标人同意，可以将中标项目的部分非主体、非关键性工作分包给他人完成。接受分包的人应当具备相应的资格条件，并不得再次分包。

中标人应当就分包项目向招标人负责，接受分包的人就分包项目承担连带责任。

第五章 法律责任

第四十九条 违反本法规定，必须进行招标的项目而不招标的，将必须进行招标的项目化整为零或者以其他任何方式规避招标的，责令限期改正，可以处项目合同金额千分之五以上千分之十以下的罚款；对全部或者部分使用国有资金的项目，可以暂停项目执行或者暂停资金拨付；对单位直接负责的主管人员和其他直接责任人员依法给予处分。

第五十条 招标代理机构违反本法规定，泄露应当保密的与招标投标活动有关的情况和资料的，或者与招标人、投标人串通损害国家利益、社会公共利益或者他人合法权益的，处五万元以上二十五万元以下的罚款，对单位直接负责的主管人员和其他直接责任人员处单位罚款数额百分之五以上百分之十以下的罚款；有违法所得的，并处没收违法所得；情节严重的，暂停直至取消招标代理资格；构成犯罪的，依法追究刑事责任。给他人造成损失的，依法承担赔偿责任。

前款所列行为影响中标结果的，中标无效。

第五十一条 招标人以不合理的条件限制或者排斥潜在投标人的，对潜在投标人实行歧视待遇的，强制要求投标人组成联合体共同投标的，或者限制投标人之间竞争的，责令改正，可以处一万元以上五万元以下的罚款。

第五十二条 依法必须进行招标的项目的招标人向他人透露已获取招标文件的潜在投标人的名称、数量或者可能影响公平竞争的有关招标投标的其他情况的，或者泄露标底的，给予警告，可以并处一万元以上十万元以下的罚款；对单位直接负责的主管人员和其他直接责任人员依法给予处分；构成犯罪的，依法追究刑事责任。

前款所列行为影响中标结果的，中标无效。

第五十三条 投标人相互串通投标或者与招标人串通投标的，投标人以向招标人或者评标委员会成员行贿的手段谋取中标的，中标无效，处中标项目金额千分之五以上千分之十以下的罚款，对单位直接负责的主管人员和其他直接责任人员处单位罚款数额百分之五以上百分之十以下的罚款；有违法所得的，并处没收违法所得；情节严重的，取消其一年至二年内参加依法必须进行招标的项目的投标资格并予以公告，直至由工商行政管理机关吊销营业执照；构成犯罪的，依法追究刑事责任。给他人造成损失的，依法承担赔偿责任。

第五十四条　投标人以他人名义投标或者以其他方式弄虚作假，骗取中标的，中标无效，给招标人造成损失的，依法承担赔偿责任；构成犯罪的，依法追究刑事责任。

依法必须进行招标的项目的投标人有前款所列行为尚未构成犯罪的，处中标项目金额千分之五以上千分之十以下的罚款，对单位直接负责的主管人员和其他直接责任人员处单位罚款数额百分之五以上百分之十以下的罚款；有违法所得的，并处没收违法所得；情节严重的，取消其一年至三年内参加依法必须进行招标的项目的投标资格并予以公告，直至由工商行政管理机关吊销营业执照。

第五十五条　依法必须进行招标的项目，招标人违反本法规定，与投标人就投标价格、投标方案等实质性内容进行谈判的，给予警告，对单位直接负责的主管人员和其他直接责任人员依法给予处分。

前款所列行为影响中标结果的，中标无效。

第五十六条　评标委员会成员收受投标人的财物或者其他好处的，评标委员会成员或者参加评标的有关工作人员向他人透露对投标文件的评审和比较、中标候选人的推荐以及与评标有关的其他情况的，给予警告，没收收受的财物，可以并处三千元以上五万元以下的罚款，对有所列违法行为的评标委员会成员取消担任评标委员会成员的资格，不得再参加任何依法必须进行招标的项目的评标；构成犯罪的，依法追究刑事责任。

第五十七条　招标人在评标委员会依法推荐的中标候选人以外确定中标人的，依法必须进行招标的项目在所有投标被评标委员会否决后自行确定中标人的，中标无效。责令改正，可以处中标项目金额千分之五以上千分之十以下的罚款；对单位直接负责的主管人员和其他直接责任人员依法给予处分。

第五十八条　中标人将中标项目转让给他人的，将中标项目肢解后分别转让给他人的，违反本法规定将中标项目的部分主体、关键性工作分包给他人的，或者分包人再次分包的，转让、分包无效，处转让、分包项目金额千分之五以上千分之十以下的罚款；有违法所得的，并处没收违法所得；可以责令停业整顿；情节严重的，由工商行政管理机关吊销营业执照。

第五十九条　招标人与中标人不按照招标文件和中标人的投标文件订立合同的，或者招标人、中标人订立背离合同实质性内容的协议的，责令改正；可以处中标项目金额千分之五以上千分之十以下的罚款。

第六十条　中标人不履行与招标人订立的合同的，履约保证金不予退还，给招标人造成的损失超过履约保证金数额的，还应当对超过部分予以赔偿；没有提交履约保证金的，应当对招标人的损失承担赔偿责任。

中标人不按照与招标人订立的合同履行义务，情节严重的，取消其二年至五年内参加依法必须进行招标的项目的投标资格并予以公告，直至由工商行政管理机关吊销营业执照。

因不可抗力不能履行合同的，不适用前两款规定。

第六十一条 本章规定的行政处罚，由国务院规定的有关行政监督部门决定。本法已对实施行政处罚的机关作出规定的除外。

第六十二条 任何单位违反本法规定，限制或者排斥本地区、本系统以外的法人或者其他组织参加投标的，为招标人指定招标代理机构的，强制招标人委托招标代理机构办理招标事宜的，或者以其他方式干涉招标投标活动的，责令改正；对单位直接负责的主管人员和其他直接责任人员依法给予警告、记过、记大过的处分，情节较重的，依法给予降级、撤职、开除的处分。

个人利用职权进行前款违法行为的，依照前款规定追究责任。

第六十三条 对招标投标活动依法负有行政监督职责的国家机关工作人员徇私舞弊、滥用职权或者玩忽职守，构成犯罪的，依法追究刑事责任；不构成犯罪的，依法给予行政处分。

第六十四条 依法必须进行招标的项目违反本法规定，中标无效的，应当依照本法规定的中标条件从其余投标人中重新确定中标人或者依照本法重新进行招标。

第六章 附 则

第六十五条 投标人和其他利害关系人认为招标投标活动不符合本法有关规定的，有权向招标人提出异议或者依法向有关行政监督部门投诉。

第六十六条 涉及国家安全、国家秘密、抢险救灾或者属于利用扶贫资金实行以工代赈、需要使用农民工等特殊情况，不适宜进行招标的项目，按照国家有关规定可以不进行招标。

第六十七条 使用国际组织或者外国政府贷款、援助资金的项目进行招标，贷款方、资金提供方对招标投标的具体条件和程序有不同规定的，可以适用其规定，但违背中华人民共和国的社会公共利益的除外。

第六十八条 本法自2000年1月1日起施行。

参 考 文 献

1. 郭淑芬，王秀燕. 物业管理招投标实务[M]. 北京：清华大学出版社，2005.
2. 黄安永. 物业管理招标投标[M]. 南京：东南大学出版社，2000.
3. 王秀云，李莉. 物业管理(第 2 版). [M]. 北京：机械工业出版社，2006.
4. 方芳，叶小莲，李澄宇. 物业管理招标投标指南[M]. 南京：江苏科学技术出版社，2001.
5. 张宝印. 招标投标文件编制指南[M]. 北京：煤炭工业出版社，1990.
6. 何梦生，王键. 物业管理应用文写作[M]. 北京：电子工业出版社，2006.
7. 赵继新，刘晓春. 物业管理案例分析[M]. 北京：清华大学出版社，2005.
8. 鲁捷. 物业管理实务[M]. 北京：机械工业出版社，2007.
9. 王林生. 物业管理招投标[M]. 重庆：重庆大学出版社，2007.
10. 卜宪华. 物业管理招标投标实务[M]. 大连：东北财经大学出版社，2008.
11. 杨树清. 建设工程招投标与合同管理[M]. 重庆：重庆大学出版社，2003.
12. 田恒久，赵来彬. 工程招投标与合同管理[M]. 北京：中国电力出版社，2004.